Andrea Schwarz

Mehr leben!

Das Buch

Wir alle kennen die Situation: Aufträge und Verpflichtungen füllen unseren Tag, wir sehnen uns danach, einen Gang herunterzuschalten und aus unseren Verantwortungen auszubrechen. Das Leben bleibt dabei auf der Strecke.

Andrea Schwarz lädt uns ein, uns gemeinsam mit dem Propheten Elija eine persönliche Auszeit zu nehmen. Überraschend aktuell erschließt die Autorin die biblischen Erzählungen seines Lebens: Es ist die Geschichte eines Wegs aus dem Gefühl der Erschöpfung und des Burn-out heraus zu neuem Leben. Die vierzig Impulse des Buches helfen, Lebensschritte zu finden und zu gehen – hin zu »mehr Leben«.

Die Autorin

Andrea Schwarz, ausgebildete Industriekauffrau und Sozialpädagogin, viele Jahre in der Gemeindearbeit in Viernheim bei Mannheim sowie ehrenamtlich bei Projekten der Mariannhiller Schwestern in Südafrika, ist heute als gefragte Referentin und Bibliolog-Ausbilderin tätig. Sie ist pastorale Mitarbeiterin im Bistum Osnabrück und wohnt in Steinbild im Emsland. Andrea Schwarz gehört zu den meistgelesenen christlichen Schriftstellern unserer Zeit.

ANDREA SCHWARZ

Mehr leben!

Eine Auszeit mit dem Propheten Elija

HERDER

FREIBURG · BASEL · WIEN

HERDER spektrum Band 6986

Für Ulli – danke, dass du mit mir gehst

MIX
Papier aus verantwor-
tungsvollen Quellen
FSC® C083411

Neuausgabe 2017
© Verlag Herder GmbH, Freiburg im Breisgau 2011
Alle Rechte vorbehalten
www.herder.de

Umschlaggestaltung: wunderlichundweigand, Stefan Weigand
Umschlagmotiv: © AlexSava/iStock

Autorenfoto: © Verlag Herder GmbH, Freiburg / Stefan Weigand
Umschlaggestaltung: Weiß-Freiburg GmbH, Graphik & Buchgestaltung

Als deutsche Bibelübersetzung ist zugrunde gelegt:
Die Bibel. Die Heilige Schrift
des Alten und Neuen Bundes.
Vollständige deutsche Ausgabe
© Verlag Herder GmbH, Freiburg im Breisgau 2005

Satz: Arnold & Domnick, Leipzig
Herstellung: CPI Books GmbH, Leck

Printed in Germany

ISBN 978-3-451-06986-4

Lieber Leser, liebe Leserin,

wer sich auf eine Auszeit einlässt, der hat in aller Regel einen Grund oder einen Anlass dafür. Vielleicht die Erkenntnis: So wie es bisher in meinem Leben ging, kann es nicht mehr weitergehen – es ist zu viel, man blickt nicht mehr durch, hat die Linie des eigenen Lebens verloren. Wenn man den Wald vor lauter Bäumen nicht mehr sieht, dann muss man einen Schritt zurück machen, um den Wald wieder zu entdecken. Wenn das Tempo zu schnell wird, muss man langsamer machen; wenn alles zu sehr Routine wird, muss man etwas ändern. Und wenn man erschöpft ist, dann muss man schauen, wo man Kraft tanken kann. Oder, kann auch sein, man hat ganz einfach nur Lust auf neue, andere Erfahrungen. Alles Grund genug, für eine bestimmte Zeit in meinem Leben etwas anders zu machen, mir sozusagen eine Auszeit zu nehmen.

Es gibt viele Formen, wie man so eine Auszeit gestalten kann – thailändische Massagen und indianische Schwitzhütten, »Wohlfühl-Hotels« und »Schlafen im Heu«, Urlaub im Kloster und Klettern im Himalaja. Ja, einige dieser Angebote mögen wirklich so eine Auszeit sein – aber auch manche Geschäftsleute haben den Markt durchaus für sich entdeckt: »Wellness« boomt. Und ob etwas wirklich hilft, nur weil man viel Geld dafür bezahlt, kann man noch mal dahingestellt sein lassen.

Es gibt eine alte und durchaus bewährte Form, eine solche Auszeit zu gestalten. Das »äußere Kennzeichen« dafür ist, dass diese Auszeit 40 Tage dauert. Das ist ein Zeitraum, der über die spontane Begeisterung des »morgen« und »übermorgen«

hinausreicht – aber zugleich ein Vorhaben noch überschaubar macht. Wer sich auf »40 Tage« einlässt, der macht einerseits ernst: Einen Vorsatz, ein Vorhaben 40 Tage lang durchzuhalten, das braucht Kraft, Energie, Beharrlichkeit – und vor allem ein Ziel, für das es sich lohnt. Andererseits: »40 Tage« – das ist nicht gleich das ganze Leben! Man kann es mal probieren mit dem »anderen«, indem man auf etwas verzichtet, etwas im Leben verändert, sich bewusst Zeit für etwas nimmt.

Die Zahl »40« kommt dabei nicht von ungefähr. In der Zahlensymbolik ist es die Zahl der »Wende«, etwas wird beendet, damit etwas neu anfangen kann. Es ist die Zahl, die die Routine unterbricht. Die »40« ist die Zeit »dazwischen«, die Zeit zwischen dem, was war – und dem, was vielleicht möglich ist. »40« – damit Neues werden kann.

Das ist der Grund, warum wir in der Bibel so oft dieser Zahl »40« begegnen: Bei der Sintflut regnet es 40 Tage, 40 Jahre dauert die Wanderung des Volkes Israel hin zum Gelobten Land, und Jesus zieht sich vor seinem ersten öffentlichen Auftreten für 40 Tage in die Wüste zurück – Zeiten des Übergangs.

Auch die Fastenzeit, die Zeit der Vorbereitung auf Ostern hin, das Fest der Auferstehung, das Fest der Neuwerdung, dauert 40 Tage.

Sich selbst »40 Tage« gönnen, um die Routinen zu unterbrechen, hinzuschauen, wo man gerade ist und sich neu zu vergewissern, wo man hin möchte – warum eigentlich nicht? Manchmal ist es hilfreich und sogar notwendig, um nicht im Alltag unterzugehen, um sich selbst wieder zu finden, um einen Unterschied zu machen zu den restlichen 325 Tagen im Jahr.

»40 Tage« – es bleibt Ihnen überlassen, wann Sie sich diese Zeit für sich nehmen wollen oder auch können. Die Zahl ist symbolisch, der Zeitpunkt ganz persönlich. Vielleicht bietet sich wirklich die Fastenzeit dafür an – oder die großen Sommerferien, wenn die Kinder morgens nicht zur Schule müssen. Eventuell ist es der Urlaub – oder es sind die Wochen in der Reha-Klinik. Wichtig ist nicht »wann« und »wie«, sondern »dass« …

Zu solchen »40 Tagen« möchte ich mit diesem Buch einladen. 40 Tage lang sich jeden Tag ein wenig Zeit nehmen, eine Auszeit mitten im Alltag … ein Impuls, ein Gedanke, der vielleicht dabei helfen kann, den Wald des eigenen Lebens wieder zu sehen statt nur die einzelnen Bäume, einen Schritt zurück zu machen, wieder neu das Ziel und den Weg zu entdecken.

Und warum sich dann nicht zusammen mit einem Begleiter auf den Weg machen? Einem, der das Leben kennt? Einem, der Höhen und Tiefen erlebt hat? Und der seinen Weg gesucht und gefunden hat? Einem, der uns vielleicht den einen oder anderen Anstoß und Impuls für unser Leben geben kann …? Für die Wende, das neue Ziel?

Zugegeben, der Begleiter, den ich Ihnen vorschlage, mag ein wenig ungewöhnlich sein … der Prophet Elija. Seine Geschichte ist fast dreitausend Jahre alt – und doch menschlich so aktuell, dass sie auch heute noch gegenwärtig ist. Es ist eine Geschichte von Zumutungen und Herausforderung, von Allein-Sein und Beziehung, von Siegen und Niederlagen, von Leidenschaft und von »burn-out« – und es ist eine Geschichte vom Loslassen. Vor allem aber ist es die Geschichte eines Menschen mit seinem Gott – und die Geschichte Gottes mit einem Menschen.

»Eine Auszeit mit Elija« – 40 Tage lang, das könnte die Einladung sein, den Alltag einmal zu unterbrechen, neu auf mein Leben hinzuschauen, Perspektiven und Visionen zu entwickeln – und sie dann vielleicht Schritt für Schritt in die Realität umzusetzen.

Wer sich darauf einlässt, dem ist es ernst … der will was. Vielleicht ganz einfach »mehr leben!«?

Das ist die Einladung dieses Buches und die Einladung des Propheten Elija … »mehr leben«. Und ich glaube, das ist das einzige Ziel überhaupt, für das es sich lohnt, 40 Tage lang sein Leben ein bisschen zu verändern, und sei es nur mit einem Impuls am Tag, zehn Minuten: »Mehr leben!»

Die Einladung steht. Mehr leben.

Jetzt liegt es an Ihnen, ob Sie mitkommen mögen.

Inhalt

1
Elija – ein Name ist Programm

Elija, der Tischbiter aus Tischbe in Gilead
1 Könige 17,1

Manchmal, wenn man einem Menschen zum ersten Mal persönlich begegnet, bringt man ja sozusagen schon etwas mit … und das ist mit Ihnen und Elija vielleicht nicht anders. Gar nicht unwahrscheinlich, dass Sie schon irgendetwas über ihn gehört haben, möglicherweise fallen Ihnen irgendwelche Geschichten ein oder Bilder, die Elija darstellen. Oder sogar Musik? Ja, das kann alles sein!

Kein Wunder: Neben Abraham und Mose ist Elija die Gestalt des Alten Testaments, die im Neuen Testament am häufigsten erwähnt wird. Zusammen mit Mose ist Elija dabei, als Jesus verklärt wird. Als Jesus seine Jünger fragt, für wen die Leute ihn halten, ist eine der Antworten: Für Elija. Und sogar bei seiner Kreuzigung, als Jesus nach Gott ruft, was in seiner Sprache »Eli« heißt, glauben manche, er ruft nach Elija. Manche kennen die Geschichte von Elija unter dem Ginsterstrauch, als er sich den Tod wünscht – und ihm ein Engel Brot und Wasser hinstellt. Andere erinnern sich vielleicht an die Szene auf dem Berg Horeb, als Gott dem Elija nicht im Feuer, nicht im Erdbeben und nicht im Sturm erscheint, sondern in einem sanften Säuseln. *Marc Chagall, Sieger Köder* und viele andere Künstler haben eindrucksvolle Bilder von Elija gemalt

– und *Felix Mendelssohn-Bartholdy* hat die Geschichte des Elija musikalisch in einem Oratorium zum Ausdruck gebracht.

Auch als Vorname ist »Elija« in den letzten Jahren etwas populärer geworden (übrigens: Namenstag ist der 20. Juli) – und er ist der Patron, also der Schutzheilige, der Flieger.

Elija taucht im 1. Buch der Könige im 17. Kapitel vollkommen unvermittelt auf. Es geht keine Berufungsgeschichte voraus. Elija ist plötzlich einfach da. Ein Mann, ein Prophet, voll Leidenschaft für Gott, in einem Moment unsagbar erfolgreich – und dann plötzlich »burn-out«, am Ende.

Deshalb finde ich, dass man ihn ruhig auch zum Patron der ehren- und hauptamtlichen kirchlichen Mitarbeiter ernennen sollte – mit Leidenschaft für die Sache Gottes eintreten – und doch manchmal am Ende sein, nicht mehr weiterwissen!

Und dann ein neuer Anfang, ein neuer Beginn, ein neuer Auftrag – weil Gott ganz anders ist.

Irgendwie – ein interessanter Mensch, dieser Elija.

Vielleicht können wir ihn noch einmal ganz neu entdecken, wenn wir ihn auf seinem Lebensweg begleiten, wenn wir aus den Mosaiksteinen, aus dem, was wir bisher über ihn gehört haben, ein Bild entwerfen – und wenn wir ihm erlauben, uns damit auf unserem Weg zu begleiten.

Nach herkömmlichen Maßstäben wissen wir nicht viel über Elija. Er kommt aus Tischbe in Gilead, das liegt im heutigen Jordanien. Die Bibel berichtet von seiner Begegnung mit König Ahab – der regierte 875 bis 854 v. Chr., das kann man rekonstruieren –, also hat wohl auch Elija im 9. Jahrhundert vor Christus gelebt.

Wenn er denn überhaupt gelebt hat … manche Exegeten sagen, dass Elija so sehr die Idealgestalt eines Propheten darstellt, dass er gar nicht historisch war, sondern sozusagen »das konstruierte Idealbild«.

Aber bevor Sie das Buch jetzt schon enttäuscht zur Seite legen: Ganz ehrlich gesagt – es hat auch den kleinen Prinzen und den Fuchs (die aus dem Buch von *Antoine de Saint-Exupéry*) nicht gegeben. Und doch gibt es sie irgendwie … und auch wenn ihre Geschichte nie wirklich so geschehen ist, so ist sie doch trotzdem wahr.

In früheren Zeiten, als es noch kein Fernsehen und kein Internet und keine Handys gab, hat man menschliche Erfahrungen nicht in irgendwelchen Lehrsätzen zusammengefasst, sondern sie in Geschichten, in Märchen gekleidet. Und wenn man abends am Lagerfeuer diese Geschichten erzählt hat, dann wurden damit zugleich diese Lebenserfahrungen weitergegeben. Und das gilt auch noch heute: Aus Lebensgeschichten lernt man mehr als aus knochentrockenen, offiziell amtlichen Lehrmeinungen.

Zugegeben, der Fuchs und der kleine Prinz – die hätten heute in den Nachrichten keine Chance, da sind knallharte Fakten gefragt. Ein kleiner Prinz und seine Liebe zu dem Fuchs als Meldung in den Nachrichten? Undenkbar! Und doch gibt es sie, diese so wunderschöne Geschichte! Und irgendwie ist sie ja doch wahr – wenn auch anders wahr …

Also – ganz egal, ob Elija faktisch gelebt hat oder nicht – seine Geschichte hat eine Botschaft für uns. Diese Botschaft ist in eine Geschichte eingekleidet, die teilweise auf historisch belegbare Ereignisse und Personen zurückgreift wie zum Beispiel auf König Ahab und Isebel, seine Frau.

Aber die eigentliche Wahrheit dieser Geschichte ist eine andere.

Deshalb ist es vielleicht auch gar nicht so entscheidend wichtig, was wir von Elija zu diesem Zeitpunkt wissen – zumindest die Bibel hält es nicht für notwendig, uns mehr darüber zu erzählen.

Die Frage ist, ob wir uns zusammen mit Elija auf einen Weg machen, bei dem wir ihn besser kennenlernen werden – und vielleicht auch uns selbst.

Übrigens: Elija stellt sich indirekt schon selbst vor – nämlich mit seinem Namen. »Elija« heißt: »Mein Gott ist JAHWE (JHWH)«, in seinem Namen ist bereits sein Bekenntnis zu Gott enthalten – sein Name ist zugleich sein Programm.

»Ich bin JHWH, dein Gott, der dich aus dem Sklavenhaus herausgeführt hat ...«
Exodus 20,2

Die Schlüsselerfahrung der Geschichten des Alten Testamentes ist der »Exodus«, der Aufbruch der Israeliten aus Ägypten, und der Bund Gottes mit seinem Volk.

Dies ist das zentrale Ereignis, das alle Erfahrungen der Israeliten mit ihrem Gott bestimmt und prägt – und aus dem heraus sie alle Geschehnisse deuten.

Man kann sich das durchaus sehr konkret und plastisch vorstellen: Da gab es eine Gruppe von Menschen, die aufgrund einer Hungersnot nach Ägypten gezogen waren – und sich dort vermehrten und zahlreich wurden. Die einheimischen Bewohner aber hatten Angst vor den Fremden und zwangen sie zur Arbeit. (Falls Sie nachlesen wollen: Exodus 1,1-14.) Die Israeliten geraten ins Elend, sie werden zu Sklaven gemacht, leiden Not, ihre neugeborenen Söhne werden getötet.

Gott aber erinnert sich des Bundes, den er mit diesem Volk geschlossen hat, er erbarmt sich seines Volkes und beruft Mose als ihren Führer. Ihm sagt er: »Ich habe das Elend meines Volkes gesehen. Darum bin ich herabgestiegen, um es aus der Gewalt der Ägypter zu befreien.« Mose fragt Gott: »Wenn ich zu den Israeliten komme und ihnen sage: Der Gott eurer Väter hat mich zu euch gesandt, und sie mich fragen: Wie lautet sein Name?, was soll ich ihnen antworten?« Gott antwortet, indem er seinen Namen priwii nennt und ihn erklärt: »Ich bin der Ich-bin-da. So sollst du zu den Israeliten sprechen: Jhwh, der Ich-bin-da, hat mich zu euch gesandt« (vgl. Exodus 3,1-15).

Und was danach in der Bibel erzählt wird, ist so eine Art Krimi unserer Urururur…eltern. Mose will nicht Führer des Volkes sein – und doch ist er von Gott dazu berufen. Der Pharao will die billigen und nützlichen Sklaven nicht ziehen lassen und muss doch erleben, dass eine machtvolle Kraft an ihrer Seite ist und für sie kämpft.

Schließlich muss er nachgeben, und er lässt die Israeliten ziehen – um gleich darauf seine Entscheidung zu bedauern und ihnen mit seinem Heer nachzusetzen. Und dann kommt es zu dieser dramatischen Szene am Roten Meer, in der Mose aufgrund der Kraft Gottes das Meer spaltet, die Israeliten unbeschadet hindurchziehen – und in dem Moment, als die Ägypter ihnen nachsetzen, das Meer wieder zurückflutet und alle Verfolger unter sich begräbt.

Gut, es braucht noch Jahre, bis das Volk Israel schließlich dort anlangt, wo es seinen Platz finden soll – und nicht immer wollen sie das, was Gott will. Aber irgendwann wird schließlich das Gelobte (das heißt versprochene) Land erreicht – und vergessen sind die Erfahrungen der Mühsal, der Wanderschaft, des Leidens. Es bleibt die Erfahrung, dass Gott selbst sie aus der Gefangenschaft befreit hat, sie auf ihrem Weg begleitet hat, mit ihnen war – allen Feinden zum Trotz.

Und diese Erfahrung des Exodus bleibt, trägt durch alle neuen Bedrängnisse hindurch, gibt Hoffnung, schenkt Zuversicht in der größten Not. Gott hat schon einmal sein Volk aus einer schier aussichtslosen Lage befreit – er wird es wieder tun. Das ist der Glaube des Volkes Israel – und er trägt bis heute durch.

Der Gott, an den wir glauben, ist ein befreiender Gott – und jeder, der aus ihm einen Gott machen will, der sich seinen eigenen Interessen unterordnet, der hat Gott nicht verstanden. Als Zeichen für diese Unbegreiflichkeit Gottes wird der biblische Gottesname Jhwh von Jüdinnen und Juden seit Jahrtausenden nicht mehr ausgesprochen (die Aussprache dürfte etwa »Jahwe« lauten), sondern umschrieben. Auch christliche Bibelübersetzungen schreiben stattdessen »der Herr«. Gott übersteigt unser Denken, er entzieht sich unserem Begreifen. Und gerade die Unbegreiflichkeit Gottes ist ein Wesensmerkmal Jhwhs – er ist ein lebendiger Gott, ein Gott, der Grenzen übersteigt –, damit wir nicht an den scheinbaren Grenzen unseres Lebens stehen bleiben …

Nun kennen Sie das Programm, das in dem Namen des Propheten Elija steckt: »Mein Gott ist Jhwh« …

2
Vor die Wahl gestellt

Ahab, der Sohn Omris, tat, was dem Herrn missfiel, mehr als alle seine Vorgänger. Und als sei es ihm noch zu wenig an den Sünden Jerobeams, des Sohnes Nebats, festzuhalten, nahm er sich auch noch Isebel, die Tochter Etbaals, des Königs der Sidonier, zur Frau, ging hin, diente dem Baal und betete ihn an. Er errichtete Baal einen Altar im Baalstempel, den er in Samaria erbaut hatte. Auch stellte er einen Kultpfahl auf und tat noch mehr, um den Herrn, den Gott Israels, zu erzürnen, schlimmer als alle Könige Israels, die vor ihm gewesen waren.
Elija, der Tischbiter aus Tischbe in Gilead sprach zu Ahab ...
1 Könige 16,30-33;17,1

Gleich im ersten Satz, in dem Elija »auftaucht«, wird auch Ahab eingeführt. Er ist der »Gegenspieler« Elijas. Und damit wird klar: Elija tritt in einer Situation auf, die für das Volk Israel schwierig ist. Das Reich, das König David geschaffen hatte, ist bereits gespalten (in ein Königreich Israel im Norden und ein Königreich Juda im Süden) – und Ahab ist König des Nordreichs. Er hat Isebel geheiratet, die Tochter des phönizischen Königs.

Die Phönizier besiedelten die östliche Mittelmeerküste. Natürlich brachte das wirtschaftliche Vorteile, zum Beispiel was den Handel angeht ... und so erlebt Israel außenpolitisch gesehen eine Blütezeit.

Aber – Isebel bringt auch einen anderen Glauben mit, den Glauben an Baal – und dazu die entsprechenden Priester und Propheten. Baal ist einer von zahlreichen Göttern, an die die Völker in der näheren Umgebung von Israel glaubten – ein Fruchtbarkeitsgott und ein ziemlich mächtiger Gott! Der Baalskult wird sogar zur offiziellen Staatsreligion – für Baal werden eigene Tempel errichtet.

Die einfachen Leute im Volk verlieren die Orientierung. Welchem Gott soll man jetzt glauben? Wer ist für was zuständig? Zugegeben, manche Götter machen es einem ein wenig leichter als andere: Da weiß man ziemlich genau, was man zu tun und zu lassen hat. Wenn man dieses und jenes Opfer bringt, geschieht in der Regel dann das und das. Man kann diesen Gott irgendwie verstehen und begreifen und vielleicht sogar ein wenig »berechnen«. Das macht solche Götter ja auch attraktiv …

Jhwh, der Gott der Israeliten, entzieht sich diesem Begreifen. Er ist anders. Er lässt sich nicht festschreiben. Er lässt sich nicht berechnen. Und das ist auch gut so. Ein Gott, den ich begreifen kann, passt in mein Denken hinein, das heißt: er ist kleiner als mein Denken. Aber will ich wirklich an einen Gott glauben, der in mein Denken hineinpasst? Der kleiner ist als ich? Der sich berechnen und bestechen lässt?

Wenn Elija und Ahab aufeinandertreffen, dann treffen damit Jhwh und Baal aufeinander – der lebendige Gott und die Götzen, die hausgemachten, berechenbaren Götter.

Und damit sind wir mittendrin im »Heute« … Menschen haben die Orientierung verloren, gemachte Götzen schieben sich neben den lebendigen Gott und verdecken ihn und seine Botschaft. Man definiert sich über Geld, Besitz und Leistung, bleibt im Bereich des Berechenbaren, sichert sich ab, geht kein Risiko ein …

Ja, man kann natürlich so leben … und die Rente im Blick haben.

Aber – hat das irgendwas mit »Lebendigkeit« zu tun?

Es gibt einen »bürgerlichen Suppentopf«, und der kann durchaus auch kirchliche Namen tragen wie zum Beispiel »Das haben wir noch nie so gemacht!« oder »Was hab ich denn davon?«

Wenn Elija auf Ahab trifft, Jhwh auf Baal, dann bin ich gefragt: *Wer oder was bestimmt mein Leben?*

Glaube ich den Götzen dieser Welt, oder vertraue ich mich diesem lebendigen Gott an – auch wenn ich nicht weiß, wohin er mich führt?

3
Stehen vor Gott

*Elija, der Tischbiter aus Tischbe in Gilead, sprach zu Ahab: So
wahr der Herr, der Gott Israels lebt, er, in dessen Dienst ich stehe,
es soll in diesen Jahren weder Tau noch Regen fallen, es sei denn auf
das Wort hin, das ich spreche.*
1 Könige 17,1

Nein – wir erfahren nichts Näheres, außer diesem Satz. Keine
Ahnung, was Elija dazu veranlasst hat, diesen folgenschweren
Satz zu sagen. Wir wissen nicht, wo er ihn gesagt hat und bei
welcher Gelegenheit er König Ahab getroffen haben mag. Hat
Elija eine Weisung bekommen und ihn am Hof aufgesucht?
Gab es irgendeinen Auslöser dafür? Und was sagt der König
zu dieser Ankündigung?

Es scheint nicht wichtig zu sein.

Es ist einfach so.

Ja, ab und an mag es hilfreich sein, zurückzuschauen, um
Dinge zu verstehen. Manchmal verlieren wir uns aber so sehr
in dem »Wie konnte es denn dazu kommen?«, »Warum ist das
so?« oder »Was ist denn da genau geschehen?«, dass wir ganz
vergessen, auf das zu schauen, was ist. Dann wird Ursachenforschung und Vergangenheitsbewältigung wichtiger als die
Gegenwart. Man kann auch vor lauter Zurückschauen vergessen, dass es darum geht, das »Heute« zu leben – und dass jeder
Blick in die Vergangenheit nur dann wirklich sinnvoll ist, wenn

er mir dabei hilft, mich und »mein Heute« zu verstehen – und entsprechend zu gestalten.

Die Gefahr gibt es in dieser Elija-Geschichte nicht – ganz im Gegenteil! Mit dem ersten Satz sind wir mitten drin im Geschehen!

»So wahr der Herr, der Gott Israels, lebt ...« – das ist die Kampfansage des Elija an Ahab. Sein lebendiger Gott, sein nicht berechenbarer Gott, sein sich dem Begreifen entziehender Gott – diesen Gott setzt Elija dem Ahab, der zusammen mit Isebel andere Götter wie Baal »eingeführt« hat, entgegen. Der Gott Elijas lebt – könnte es sein, dass der Gott Ahabs tot ist? Ein Götze? Gefangen in den Erwartungen und Wünschen der Menschen?

»... in dessen Dienst ich stehe ...« – welch wunderschöne, zugleich selbstbewusste und demütige Aussage! Ich stehe im Dienst eines lebendigen Gottes, im Dienst eines Gottes, bei dem man nie so genau weiß, was er als Nächstes mit einem vorhat, was die nächste Weisung sein wird. Ich habe mich mit einem lebendigen Gott verbunden, nicht mit irgendwelchen Götzen, bei denen auf »a« automatisch »b« folgt. Kann sein, dass bei meinem Gott nach dem »a« das »m« kommt, das haben »lebendige Götter« nun einmal so an sich ...

Vor einiger Zeit habe ich an Exerzitien in einem Kloster des Karmel-Ordens teilgenommen. Der Karmel-Orden bezieht sich ja in besonderer Weise auf Elija – und so hat dann ein Pater Elija Exerzitien zum Propheten Elija gehalten. Im Karmel-Orden wird der Satz Elijas in 1 Könige 17,1 so übersetzt: »So wahr der Herr, der Gott Israels, lebt, vor dessen Angesicht ich stehe.« Pater Elija erklärte es so, dass zu diesen Zeiten nur die Diener des Königs, also diejenigen, die im Dienst des

Königs standen, vor ihm stehen und ihn von Angesicht zu Angesicht schauen durften. Alle anderen durften ihn nicht direkt anschauen. Martin Buber, der jüdische Religionsphilosoph, übersetzt: »So wahr Er lebt, Israels Gott, vor dessen Antlitz ich bestellt bin.« Und in der Luther-Übersetzung heißt es: »So wahr der Herr, der Gott Israels lebt, vor dem ich stehe …«

Und ich glaube, es macht Sinn.

Stehen vor meinem Gott …

Mich erinnert es an die Berufungsgeschichte des Propheten Ezechiel. Dem erscheint Gott – und Ezechiel wirft sich der Länge nach auf den Boden. Da sagt Gott zu ihm: »Steh auf, ich will mit dir reden!« (Ezechiel 1,28 – 2,2). Das ist ein Grund, warum wir in katholischen Gottesdiensten in der Regel stehen, wenn wir beten, also »mit Gott reden«. Wenn der Priester sagt: »Lasst uns beten!«, stehen die Gläubigen auf.

Die äußere Haltung drückt eine innere Einstellung aus: Aufgrund unseres Glaubens können wir stehen, können wir zu Gott stehen – weil Gott zu uns steht. Das Stehen atmet etwas von der Freiheit, zu der wir Christen berufen sind, es ist Ausdruck davon, dass Gott uns aufrichtet. Wir brauchen uns vor Gott nicht klein zu machen, nicht im Dreck zu liegen, wir dürfen zu uns stehen. Damit wird das Stehen auch zu einem Zeichen der Auferstehung.

Gott will uns nicht am Boden liegend, uns verkriechend. Er will uns aufrecht stehend, von Angesicht zu Angesicht.

Er will uns als Gegenüber. Er will uns als jemand, der steht, der sich stellt, der zu etwas steht. Oder anders gesagt: Er will uns als Menschen mit aufrechtem Gang. Gott will Menschen mit Rückgrat.

Er kann keine Schleimer, Duckmäuser, blinde Gesetzes-
erfüller brauchen. Er will Menschen, die aus der Sicherheit
heraus, dass Gott sie liebt, sich ihrer selbst bewusst sind, selbstbewusst sind. Das sind Menschen, die sich nicht größer machen
müssen, als sie sind – aber bitteschön auch nicht kleiner! Das
sind Menschen, die geerdet sind, mit beiden Beinen auf dem
Boden stehen – und doch auf den Himmel hin ausgerichtet
sind. Stehen vor Gott …

Und ich glaube, nur solche Menschen können sich wirklich
»hingeben«. »Hingabe« heißt nicht, »nichts zu sein« – sondern Hingabe heißt im Gegenteil: sehr bewusst etwas zu
sein – und das zu geben. Es ist kein »Opfer«, etwas zu geben,
was ich gar nicht habe oder gar bin.

Elija macht es uns vor. Gerade weil er selbstbewusst ist,
kann er sich in den Dienst Gottes stellen. Gerade weil er sich
seiner eigenen Größe bewusst ist, kann er Gott in seiner Größe
anerkennen – ohne sich deswegen klein machen zu müssen.
Aus diesem Bewusstsein heraus kann er sich in den Dienst
Gottes nehmen lassen, kann er vor seinem Angesicht stehen.
Und nur deshalb kann er König Ahab mit dieser scharfen Pro-
phetie konfrontieren. Elija stellt sich.

Unsere tiefste Angst ist nicht,
dass wir der Sache nicht gewachsen sind.
Unsere tiefste Angst ist,
dass wir unermesslich mächtig sind.
Es ist unser Licht, das wir fürchten,
nicht unsere Dunkelheit.

Wir fragen uns:
Wer bin ich denn eigentlich,
dass ich leuchtend, hinreißend,
begnadet und fantastisch sein darf?
Wer bist du denn,
dass du das NICHT sein darfst?

Du bist ein Kind Gottes.
Wenn du dich klein machst,
dient das nicht der Welt.
Es hat nichts mit Erleuchtung zu tun,
wenn du dich einkringelst,
damit andere um dich herum
sich nicht verunsichert fühlen.

Du wurdest geboren,
um die Ehre Gottes zu verwirklichen,
die in uns ist.
Sie ist nicht nur in einigen von uns,
sie ist in jedem Menschen.

Und wenn wir unser Licht erstrahlen lassen,
geben wir unbewusst den anderen Menschen
die Erlaubnis, dasselbe zu tun.
Wenn wir uns von unserer Angst befreit haben,
wird unsere Gegenwart
ohne unser Zutun
andere befreien.

Dieser Text kursiert im deutschsprachigen Bereich unter der Quellenangabe, dass er aus der Antrittsrede von Nelson Mandela stammt, als er 1994 Präsident von Südafrika wurde. Der Text wurde aber von Marianne Williamson geschrieben und bereits 1992 veröffentlicht. Und Nelson Mandela hat diesen Text meines Wissens nicht in seiner Antrittsrede zitiert. Mag sein, da ist das passiert, was auch mit etlichen biblischen Texten geschehen ist: Ein wunderschöner Text kann eigentlich nur noch wertvoller werden, wenn man ihn mit einem bekannten Namen verbindet. Ja, sinngemäß könnte Nelson Mandela das gesagt haben – und doch ist es nicht sein Sprachstil. In einem Abschnitt seiner Antrittsrede heißt es: »... wir werden eine Gesellschaft bauen, in der alle Südafrikaner, schwarz oder weiß, in der Lage sein können, aufrecht zu gehen, ohne Angst im Herzen, in der Gewissheit ihrer unaufgebbaren Menschenwürde – eine Regenbogennation im Frieden mit sich selbst und der Welt.«

4
In die Wüste geführt

Elija, der Tischbiter aus Tischbe in Gilead, sprach zu Ahab: So wahr
der Herr, der Gott Israels lebt, er, in dessen Dienst ich stehe, es soll in
diesen Jahren weder Tau noch Regen fallen, es sei denn auf das Wort
hin, das ich spreche.
1 Könige 17,1

Der Satz, den Elija hier spricht, ist die Antwort Gottes
darauf, das Ahab seine Aufgabe als König des Volkes nicht
wahrgenommen und schwer gesündigt hat. Mit seinem Handeln hat er das Volk in die Orientierungslosigkeit gestürzt
und die Verehrung des Baal sozusagen als Staatsreligion eingeführt.

Und die Antwort Gottes, die Elija in seinem Namen gibt,
ist fürchterlich: Kein Tau, kein Regen! Und zugleich die
»Kampfansage« Jhwh gegen Baal! Denn nach der kanaanä-
ischen Religion war Baal zuständig für Regen, und Elija erklärt
hiermit kurzerhand, dass Tau und Regen dagegen in der Macht
seines Gottes stehen.

Wasser ist lebensnotwendig, und dort, wo es kein Wasser
gibt, wachsen die Wüsten. Wüste ... das Volk Israel hat eigentlich genug davon erlebt, 40 Jahre lang, auf der Wanderung in
das Gelobte Land.

In der Wüste erkennst du neu, was wirklich wichtig ist: Ein
Schluck Wasser, ein Bissen Brot, Solidarität.

Die Wüste ist so leer, dass dich nichts mehr ablenkt. Du verlierst dich in der Weite, siehst den unendlichen Sternenhimmel.

Die Wüste ist der Ort, an dem du allein auf dich verwiesen bist – und auf Gott.

In der Wüste ist es leichter, Gott zu suchen und sich von ihm finden zu lassen.

Wüste – das ist die Stille, allein sein, wesentlich werden, das Eigentliche entdecken …

Das Volk Israel wird wieder in die »Wüste« geführt. Zurück zum Eigentlichen, zum Wesentlichen. Vielleicht besinnen sie sich dann wieder auf Gott?

Die Wüste ist der Ort, an dem wir Gott neu finden können … denn die Wüste ist so leer, dass Gott eine Chance hat, sie füllen zu können. Weder Tau noch Regen … In der Wüste wachsen der Hunger, der Durst, die Sehnsucht … alles, was nur wachsen kann, wenn ich hungrig, durstig, sehnsüchtig bin. Erst in der Wüste kann ich erkennen, was wirklich zählt, was wirklich wichtig ist.

Der Gegensatz zur Wüste ist der Marktplatz – heftiges Treiben, Kauf und Verkauf, laute Stimmen, jeder will was, Gedrängel, Hektik, Termine … Auf dem Marktplatz kann ich viel kaufen, was angeblich meinen Hunger, meinen Durst, meine Sehnsucht stillt. Aber auf Marktplätzen ist es schwierig, die oft so leise Stimme Gottes zu hören. Und manchmal inszeniere ich vielleicht sogar diese »Marktplätze« in meinem Leben, um die Stimme Gottes nicht zu hören.

Mag sein, dass ich dann die Wüste brauche … nur für eine Viertelstunde am Tag, einen Tag im Monat, einmal im Jahr …

und vielleicht gelingt es mir, mitten auf den Marktplätzen des Lebens ein Stück Wüste zu schaffen.

Wenn du nicht in die Wüste gehen kannst, musst du dennoch in deinem Leben ›Wüste machen‹. Bring ein wenig Wüste in dein Leben, verlass von Zeit zu Zeit die Menschen, suche Einsamkeit, um im Schweigen und anhaltenden Gebet deine Seele zu erneuern! Das ist unentbehrlich. Das bedeutet ›Wüste‹ in deinem geistlichen Leben.
Carlo Caretto

5
Herausgefordert

Danach erging das Wort des Herrn an Elija.
1 Könige 17,2

Nach dem ersten Satz in der Elija-Geschichte, sozusagen dem Paukenschlag, der schon die ganze Dramatik eröffnet, kommt jetzt eine ganz »klassische« Formulierung: »Das Wort des Herrn erging an Elija.«

Diese Formulierung war zu der Zeit, als die Geschichte aufgeschrieben wurde, eine feststehende Redewendung. So etwas kennen wir auch heute noch. Wenn zum Beispiel unter einem Schriftstück steht: »Gegeben zu ... am ...« und dann folgen ein Name und viele Stempel, wissen wir, es handelt sich um eine ganz offizielle Verlautbarung, die einer, der Macht hat, erlassen hat. Und den Inhalt dieses Schriftstückes sollte man tunlichst zur Kenntnis nehmen.

»Das Wort des Herrn ergeht an ...« ist genau so eine Redewendung. Sie wird im Alten Testament immer dann benutzt, wenn Gott einem Propheten einen Auftrag gibt. Und wenn die Menschen früherer Zeiten diesen Satz hörten oder lasen, dann wussten sie: Der, an den dieser Auftrag ergeht, ist von Gott als Prophet ausersehen worden. Dieser Satz kennzeichnet Elija als Propheten Gottes. Seine »Legitimation« als Prophet wird an dieser Stelle sozusagen »nachgereicht«.

Einer, an den die Weisungen des Herrn ergehen, wird wohl auch nicht ganz ohne Grund Ahab die Ankündigung der Wüstenzeit entgegengeschleudert haben.

Nun gut – was aber ist denn bitte ein Prophet überhaupt? Am häufigsten benutzen wir heute den Begriff wohl in dem geflügelten Wort »Der Prophet gilt nichts im eigenen Vaterland!«, übrigens auch ein Zitat aus der Bibel (wen es interessiert: nach Matthäus 13,57).

Der Fremdwörter-Duden erklärt »Prophet« als »von Gott berufener Seher, Mahner«. Oder anders gesagt: Es ist jemand, den Gott auserwählt, um sein Wort, seine Zusage, seine Mahnung an die Menschen weiterzugeben. Es ist jemand, der in Gottes Auftrag und in seinem Dienst zu den Menschen geht, um Gottes Willen zu verkünden.

Übrigens: Ob jemand Prophet ist oder nicht, darüber entscheidet nicht der Mensch, sondern Gott. Und Gott sucht sich nicht nur prominente Persönlichkeiten für diesen »Job« aus, und er wählt sie auch nicht nur aus dem Kreis der Priester und Schriftgelehrten und Theologen aus.

So heißt es im Buch Amos: »Ich bin kein Prophet und kein Prophetenschüler, sondern ein Viehzüchter und Züchter von Maulbeerfeigen. Aber der Herr hat mich von der Herde weggeholt und zu mir gesagt: Geh, rede als Prophet zu meinem Volk Israel!« (Amos 7,14-15).

Gott fordert heraus – seinen Propheten und damit die Menschen, zu denen er seinen Propheten schickt. Aber er fordert nicht um des Herausforderns willen heraus, er fordert nicht heraus, weil er lästig sein will – sondern er fordert heraus, weil es wichtig ist. Weil sich etwas verändern soll. Weil mehr Leben ins Leben soll …

Gott ruft diejenigen heraus, die er liebt. Er fordert sie heraus, konfrontiert sie mit seinen Zumutungen. Weil er sie liebt … und damit sie, durch diese Erfahrungen hindurch, neu leben lernen sollen.

Und damit wird jeder Prophet zugleich zu einer Zumutung für all diejenigen, zu denen er geschickt wird, um Gottes Wort zu verkünden – weil er anders lebt.

**Heraus
Forderung**

Christ-sein
heißt nicht
dass alles so bleibt
wie es ist

sondern
das heißt
dass alles so wird
wie es werden soll

das ist
Aufbruch
Anfang
Anders

das ist
Losgehen
Loslassen
Lösen

das ist die
Zumutung
die mich heraus
fordert

6
Aufbrechen, weggehen, sein

Danach erging das Wort des Herrn an Elija: Geh weg von hier,
wende dich ostwärts und verbirg dich am Bach Kerit, der östlich
vom Jordan fließt. Aus dem Bach sollst du trinken, den Raben aber
gebiete ich, dass sie dich dort versorgen.
1 Könige 17,2-4

Elija, der Prophet, wird sozusagen von Gott höchstpersönlich
»aus dem Verkehr« gezogen. Das mag mehrere Gründe
haben.

Erinnern Sie sich noch an den Satz, den Elija gesagt hat:
»… es soll in diesen Jahren weder Tau noch Regen fallen, es sei
denn auf das Wort hin, das ich spreche.« Wenn Elija nicht da
ist, kann er auch das Wort nicht sprechen – und kann auch von
niemandem dazu gezwungen werden. Elija sozusagen »weg-
zunehmen«, kann ein Schutz der Prophezeiung sein …

Und zugleich ist es ein Schutz für den Propheten selbst. Die
Überbringer schlechter Nachrichten waren noch nie so besonders beliebt und mussten oft genug dafür mit ihrem Leben
bezahlen. Wenn die Dürre erst einmal ihre katastrophalen
Auswirkungen zeigt, kann sich der Zorn schnell auf Elija rich-
ten. Und es könnte ja sein, dass Gott seinen Propheten noch
braucht (sonst wäre dieses Buch auch relativ schnell zu Ende!).

Aber die Formulierungen in der Weisung Gottes deuten
noch auf etwas anderes hin.

»Geh weg von hier!« – das erinnert an die Aufforderung Gottes an Abram, das Vertraute zu verlassen und in das Land zu ziehen, das Gott ihm zeigen will (Genesis 12,1). Aufbruch ist angesagt, auch für Elija. Verlassen von Sicherheiten, dem Gewohnten – hin zu dem Neuen und Anderen. »Ostwärts«, in die Richtung, wo die Sonne aufgeht, aus der das Heil kommt, wo der neue Tag anbricht (übrigens kommt daher unser Wort »Orientierung«, aus dem Osten, dem »Orient«!).

»… am Bach Kerit« – Elija bekommt genau mitgeteilt, wo er sich verbergen soll. *Carlo M. Martini* weist darauf hin, dass der heilige *Ambrosius*, Kirchenlehrer im vierten Jahrhundert, das Wort »Kerit« mit »Erkenntnis« übersetzt. Elija würde demnach also an den »Bach der Erkenntnis« geführt.

Raben sollen Elija versorgen … Gott wird sich um seinen Propheten kümmern. Elija braucht nichts zu tun. Er kann ganz einfach sein.

Ich bin.

»Ich bin der ich bin« – so offenbart sich Gott gegenüber Mose im brennenden Dornbusch (Exodus 3,14). »Ich bin« –das ist der Name Gottes, das ist das Wesen Gottes.

Und wenn wir Menschen als sein Abbild geschaffen sind, dann sind wir einfach ein »Ich bin«.

Ich bin – das feiert die Tatsache, dass ich geboren wurde, dass mir das Leben geschenkt wurde.

Ich bin, ich lebe, ich existiere, ich atme, fühle mich (hoffentlich) lebendig ... – vielleicht die beste, lebendigste, kraftvollste Beschreibung von mir selbst.

Ich bin.

So einfach es sich anhört – aber es reicht vollkommen aus, es erklärt mich.

Das ist es. Ich bin.

Ich bin hier und jetzt. Mir wurde dieser heilige Raum, diese heilige Zeit zum Leben gegeben.

Und es begann in dem Moment, als mich Gott im Schoß meiner Mutter gewoben hat (Psalm 139). Und das war kein Zufall, kein Missgeschick. Gott hat mich gewollt. Und das gibt meinem Leben einen Sinn, eine Bedeutung, eine Aufgabe. Es war Gottes Sehnsucht, dass ich sein soll – und ich bin.

Keine Erwartungen, keine Wünsche, keine Fragen oder gar Bedingungen. Keine Zu-erledigen-Listen. Einfach sein – ich bin.

Dieses »ich bin« begründet mich im Hier und Jetzt. Es verbindet mich mit meiner Seele – und wenn ich das zulasse, kann nichts, aber auch gar nichts diese Wirklichkeit zerstören.

Es verbindet mich mit Gott, ich teile das »göttliche Sein«.

Und es verbindet mich zugleich mit allen Menschen auf dieser Welt– jeder ist so ein »ich bin«.

Vielen von uns reicht dieses »ich bin« nicht aus. Sie sind nicht in der Lage, das Geheimnis des Lebens zu umarmen, das Geheimnis, einfach »zu sein«.

Und so kommen Erklärungen, Erläuterungen dazu:

Ich bin ein Mann, eine Frau ...

Ich bin verheiratet ...

Ich bin Lehrer, Hausfrau, Kfz-Mechaniker ...

Ich bin ein Deutscher ...

Ich bin HSV-Fan

Ich bin katholisch ...

Ja, ich bin möglicherweise all das auch. Wahrscheinlich brauche ich es, das eine oder andere zu sein. Mehr noch: Ich habe Begabungen und Fähigkeiten, die in etwas umgewandelt werden sollen.

Aber oft füge ich diese Wörter nur deshalb dazu, weil ich das Gefühl habe, dass ich sie brauche, damit sie mich erklären. Manchmal wird dabei all das wichtiger als das »ich bin« – und dann trennt es mich von Gott und von den anderen Menschen. Einfach »zu sein« scheint nicht ausreichend zu sein, stattdessen definieren wir uns über Rollen, Aufgaben, Funktionen.

Und dann kommen die gesellschaftlichen Erwartungen dazu: »Sitz nicht rum, tu was!« Erst das Tun scheint unsere Existenz sinnvoll zu machen. Ich fühle mich nur dann als jemand, wenn ich die Details und Erfolge meiner Lebensreise präsentieren kann.

Aber es macht mich nicht besser als die anderen ... es gibt mir nur die Illusion, dass ich eine Identität, ein Recht auf Leben habe, dass mein Leben einen Sinn hat.

Aber wie zerbrechlich ist das!

Was mich heute ausmacht, kann mir morgen genommen werden! Das Gleichnis aus dem Lukasevangelium erzählt von dem reichen

6 Aufbrechen, weggehen, sein

Mann, der auf seine vollen Scheunen vertraut und nicht auf Gott: »Du Tor, diese Nacht noch wird man dein Leben von dir fordern!« (Lukas 12,20).

Am Ende unseres Lebens bleibt nur noch das »ich bin«. Unter sozialen, gesellschaftlichen, wirtschaftlichen Gesichtspunkten bin ich nichts mehr, pensioniert, alt, vielleicht krank, behindert, abgeschoben. Und allzu oft wird das dann von Traurigkeit, Depression und Apathie begleitet. Warum? Weil ich nicht in der Lage war, das »ich bin« zu umarmen ... das letztendliche Geschenk, das mir gegeben wurde.

Zu oft lasse ich es zu, dass äußere Dinge mich stören, mich davon abbringen, mein Leben, mein Sein ganz tief wahrzunehmen und zu feiern. Wenn ich sitze, stehe ich schon. Wenn ich ausruhe, plane ich bereits wieder. Ich lebe entweder in der Vergangenheit und spüre meinen Verletzungen nach – oder bin schon in der Zukunft, begleitet von Angst und Furcht. Ich verliere die Richtung, weil ich nicht wirklich bin, sondern irgendwie dazwischen lebe, niemals wirklich verwurzelt, verankert und beheimatet. Weil ich nicht weiß, wie ich die ganz einfache Wahrheit und das Geschenk meines »ich bin« wertschätzen kann. Ich bin.

Das ist das Geschenk unseres Gottes. Mehr braucht es nicht. Das ist alles.

Ich bin.

Und das macht meine Würde als Mensch aus ... egal, ob Mann oder Frau, jung oder alt, reich oder arm, studiert oder nicht studiert.

Ich bin. Das reicht.

Das ist das Geschenk.

Spüre dem nach – und feiere es!

Nach einem Impuls von Sr Ulrike Diekmann CPS, Mariannhill

Elija wird ins Sein geschickt.

Am Bach Kerit hat er nichts anderes zu tun als zu sein.

Das ist die erste Station auf dem Weg des Propheten:

»Elija. Geh und verbirg dich!«

Oder anders gesagt: Lerne zu sein!

Ich bin – bin ich?

7
Hinabsteigen

Da ging Elija hin und tat, wie der Herr befohlen hatte, und blieb am Bach Kerit, der östlich vom Jordan fließt.
1 Könige 17,5

Um zum Bach Kerit zu kommen, muss man hinabsteigen. In dieser Gegend haben sich die Bäche und kleinen Flüsse tief in die Erde eingeschnitten. Von einer Hochfläche aus muss man den Abstieg auf sich nehmen, um auf den Grund zu kommen. Dort fließt das Wasser, wächst und grünt und blüht es.

Man muss hinabsteigen, um zum Grund zu kommen …

Und so mag es nicht von ungefähr kommen, dass auch Elija auf der ersten Station seines Weges, von dem uns berichtet wird, das »Sein« lernt, indem er zum Grund hinuntergeht, zum Grund seines Seins.

Tief in mir, versteckt, zugewachsen, verborgen fließt das Wasser des Lebens – der Strom des Lebendigen, die unbändige Kraft des Lebens, die Lust des Seins. Hinunter bis auf den Grund, zurück zur Quelle des Lebens. Fort aus dem Alltag, der mich gefangen hält, dem Gejagtwerden ein Ende setzen, mich der Macht des Faktischen entziehen, loslassen dessen, was mich besitzt, den Teufelskreis durchbrechen – zurück zu den Quellen, zurück zu der Urkraft des Lebens, zurück zu dem, was mich wirklich hält und trägt.

Tief in mir strömt das Wasser des Lebens. Keine Fantasie, keine Illusion, keine Einbildung, kein Wunschtraum – sondern Realität, Geschenk und Zusage.

Das Wasser des Lebens – nicht zu kaufen, nicht zu verdienen, nicht zu machen. Es ist da, einfach da – wenn ich bereit bin zu suchen.

Das ist die Zusage: »Wer aber von dem Wasser trinkt, das ich ihm zu trinken geben werde, wird in Ewigkeit nicht mehr Durst haben, vielmehr wird das Wasser, das ich ihm gebe, in ihm zu einer Quelle werden, deren Wasser in das ewige Leben sprudelt« (Johannes 4,14).

Eine sprudelnde Quelle des Lebens in mir – da strömt das Wasser des Lebens.

Und mir fallen die ausgetrockneten Landschaften der Gefühle in mir ein, die verdorrten Gesten der Zärtlichkeit, die Steppe des Habenwollens, der abgestorbene Ast, es immer noch besser machen zu wollen, der vertrocknete Boden der Erbarmungslosigkeit mir selbst gegenüber.

Sehnsucht erfüllt mich – mögen doch Tropfen und Bäche dieses lebendigen Wassers all dies benetzen, möge es wie Tau vom Himmel herabfallen und den erstickenden Staub hinweggwaschen, mögen doch endlich die Quellen in mir aufbrechen – und das Vertrocknete in mir grün machen, Totes zum Leben auferwecken, neues Leben wachsen lassen.

Herr, gib mir dieses Wasser!

Ein Schrei ist es, der sich plötzlich Raum schafft, der mir Raum schafft.

Herr, gib mir dieses Wasser, damit ich nicht länger immer nur schöpfen muss, damit ich mir nicht länger das Wasser des

Lebens von anderen und anderem holen muss – und doch durstig bleibe!

Er ist nicht leicht, dieser Schrei. Damit nehme ich Abschied davon, alles alleine machen zu können und zu wollen. Ich gestehe mir meine Ohnmacht und meine Grenzen ein, es ist der Ruf um Hilfe, das Eingestehen meiner Not. Und wie gerne wäre ich doch anders: unabhängig, kraftvoll, stark …

Der erste Schritt – das Dunkle in mir annehmen, der Schritt, der am schwersten fällt. Das Dunkel in mir annehmen, hinschauen, was ist, zulassen, dass es anders ist, meine Bilder von mir loslassen, endlich loslassen, damit Raum für Neues wird. Ein Schrei, ein Eingeständnis, ein Lassen – und es wird Raum.

Geh!

Geh zu den Quellen, mach dich auf den Weg, verlasse das Vertraute. Du hast die Kraft, selbst etwas zu tun. Geh los, steige hinab, geh auf den Grund.

Mich aufmachen, mich öffnen, verlassen, loslassen – Einladung zum Handeln.

Und verbirg dich!

Zeige dich nicht, zieh dich zurück, schau nach dir, suche die Begegnung mit dir und nicht mit anderen, damit du neu die Quellen des Lebens entdeckst – die Einladung zum Sein.

Geh und verbirg dich – mach dich auf, geh los, lass das Vertraute, schütze dich und das, was in dir neu heranwachsen will. Zerstreue dich nicht, sondern sammle dich, konzentriere dich auf das, was wirklich zählt, finde zurück zum Wesentlichen – und alles andere wird dir dazu gegeben.

Dann wirst du bereit sein für das Leben!

Und das Wasser des Lebens wird strömen in dir – klar wie Kristall!

Auch Elija steigt hinab zum Grund seines Seins ...

8
Sich verbunden fühlen

Da ging Elija hin und tat, wie der Herr befohlen hatte, und blieb am Bach Kerit, der östlich vom Jordan fließt. Und die Raben brachten ihm Brot am Morgen und Fleisch am Abend, aus dem Bach aber trank er.
1 Könige 17,5-6

Elija steigt hinunter zum Bach Kerit und bleibt dort, wie es in der Bibel heißt, »für einige Zeit« – nicht grad mal für ein verlängertes Wochenende. Als Prophet ist er erst einmal arbeitslos ... denn da ist schlicht und ergreifend niemand, dem er etwas prophezeien könnte. Das Essen bekommt er »gebracht«, also auch hier bleibt ihm nichts zu tun. Er hat Zeit, viel Zeit ... zum Nachdenken, zum Nachspüren, um sich zu begegnen – und um Gott zu begegnen. Und da ist nichts, aber auch nichts, was ihn von dieser Begegnung ablenken könnte. Was mag Elija in diesen Tagen gemacht haben? Die Bibel erzählt es uns nicht. Wir sind auf unsere Fantasie angewiesen.

Was mache ich, wenn ich viel Zeit habe, wenn es keine Störungen von außen gibt, kein Buch, kein Fernsehen, kein Radio, kein Telefon? Ich sitze da und schaue ... wie sich am Strand Welle um Welle bricht, wie der Mond langsam aufgeht, wie das Dunkel der Nacht dem Kommen des Morgens weicht. Ich sehe die Wolken ziehen und den Wind sanft mit den Zweigen und Blättern spielen. Und plötzlich höre ich – das Knacken eines trockenen Astes, wenn ein Tier darauf tritt, das Schlagen der Wellen am Felsen, das Plätschern des Baches, den Lockruf des Vogels, das Grollen des Donners in weiter Ferne.

Und je länger ich sitze und schaue und höre und fühle und rieche und taste, umso mehr werde ich zum Teil dieser Welt. Ich bin nicht mehr ein »ich«, das diese Welt beobachtet, sondern ich bin ein Teil dieser Welt. Aus einem »ich und diese Welt« wird ein »ich in dieser Welt«. Das ist dieser Moment, in dem ich mich verbunden fühle mit dieser Schöpfung, Teil dieser Schöpfung, Teil dieser Erde bin. Ich bin nicht mehr getrennt, sondern ich werde eins.

Und damit wird der Augenblick zu einem göttlichen Moment. Ich betrete einen anderen Raum des Seins, einen Raum, in dem alles Vordergründige wegfällt und ich neu spüren kann, was leben eigentlich heißt: verbunden zu sein mit dem Leben und mit dem, der das Leben ist und das Leben will.

Und dann will ich nur noch mit diesem Leben in Verbindung sein, Teil dieses Lebens sein, dieses Leben schützen und bewahren – und weitergeben. Weil ich diesen göttlichen Raum, diesen göttlichen Moment erleben durfte … und dann fange ich an, mich diesem Gott tastend zu nähern.

Ob Elija so etwas damals erlebt haben mag?

Elie Wiesel beschreibt einen Propheten unter anderem so: »Und doch, um ein wirklicher Prophet zu sein, muss er in die Tiefen seines Wesens hinabsteigen.«

Vielleicht war es Elija damals am Bach Kerit alles andere als langweilig – und vielleicht war er auch gar nicht arbeitslos. Vielleicht war dies die wichtigste Station seines Lebens? Vielleicht war dies die Zeit, die alles andere erst vorbereitet hat? Sich selbst als Teil des Lebens wahrnehmen – und sich deshalb mit dem zu verbünden, der das Leben ist?

9
Mit den Ärmsten der Armen

Nach einiger Zeit aber vertrocknete der Bach, denn es fiel kein
Regen im Land. Da erging das Wort des Herrn an Elija: Mach
dich auf und geh nach Sarepta, das zu Sidon gehört, und bleib dort!
Dort habe ich einer Witwe befohlen, dich zu versorgen.
1 Könige 17,7-9

Bisher ist die Geschichte der Spur des Elija gefolgt und dem,
was mit ihm geschehen ist, nachdem er Ahab diesen verhee-
renden Satz entgegengeschleudert hat. Jetzt aber erfahren wir
quasi nebenbei, dass seine Prophezeiung eingetroffen ist: Es
fällt kein Regen im Land! Fast scheint es so, als ob es für denjenigen, der diese Geschichte aufgeschrieben hat, irgendwie
selbstverständlich ist ... wenn Jhwh das so ankündigen lässt,
dann trifft es auch ein.

Es wächst nichts mehr, weil das Wasser fehlt – die Menschen haben damit nichts mehr zum Essen. Eine Hungerzeit
bricht an, weil das wenige noch verfügbare Getreide, das Öl,
das Obst, das Gemüse nicht mehr bezahlbar sind. Was der
Ausfall einer Regenzeit damals bedeutete, können wir heute
fast nicht mehr nachvollziehen: Damals gab es noch keine
Flugzeuge, die innerhalb weniger Stunden etwas vom einen
Ende der Welt zum anderen transportieren konnten, wenn
irgendwo eine Ernte ausfiel. Hinter diesem einen Satz verbirgt
sich ein menschliches Drama – wie so hinter manchen lapida-

ren, kurzen Sätzen in der Zeitung oder in den Nachrichten, auch heute noch.

Noch scheint Ahab auf die Prophezeiung des Elija und deren Eintreffen nicht zu reagieren, zumindest wird uns nichts davon berichtet. Kein Wunder, es war zu allen Zeiten schon so: Diejenigen in den Palästen und den Vorstandsetagen konnten Krisen immer schon am besten »aussitzen«.

Und es trifft mal wieder die »Kleinen«, diejenigen, die eh schon benachteiligt sind, die um ihr Leben kämpfen müssen, die nichts haben und denen auch das Wenige noch genommen wird, das sie haben. Auch daran hat sich nicht viel geändert: Arbeitsplätze werden abgebaut, Kurzarbeit wird angemeldet, die Steuern werden erhöht, ...

Ja, da kann man sich manchmal schon fragen: Bestraft Gott die Kleinen, Ehrlichen, Tüchtigen? Aber wenn wir einmal in diesen menschlichen Denkkategorien auf Gott hin bleiben: Welche andere Möglichkeit hätte er denn gehabt, sein Volk zur Umkehr zu bewegen? Sanftes Zureden scheint grad wenig zu helfen, er muss schon zu etwas drastischeren Mitteln greifen. Und es sind ja nicht nur der König und seine Frau, die vom wahren Glauben abgefallen sind ... auch das Volk hat seine Orientierung verloren, hat vergessen, wem es eigentlich seine Existenz verdankt, seine Befreiung aus dem »Sklavenhaus Ägyptens«, den Gefängnissen, die andere ihnen und die sie sich selbst gebaut haben.

Ein sanfter Schmuse-Gott mag nett sein ... aber da sind wir grad schon wieder bei den Götzen. Ein Gott, der lebt, will mehr und fordert mehr ...

Und doch vergisst Gott diese Ärmsten der Armen nicht. Und so ist die neue Weisung JHWHs an Elija auch als Zeichen der Solidarität zu verstehen, als ein Zeichen der Solidarität mit diesen Menschen: Geh nach Sarepta, bleib dort, eine Witwe wird für dich sorgen!

Sarepta – das war damals feindliches Ausland. Dort wohnten Menschen, die von den Juden gering geachtet wurden. Und eine Witwe war eine Frau, für die kein Mann mehr sorgen konnte, die arm war, der es schlecht erging. Gott schickt seinen Propheten mitten in der Hungersnot zu den Armen – und er soll dort, bitteschön! – auch bleiben. Das heißt, er soll dort mitleben, den Alltag erleben, sein.

Das ist die Botschaft Gottes an die Menschen, die immer zu kurz kommen: Ich schicke euch jemanden, der bei euch ist, auch wenn ihr ihn vielleicht nicht erkennt. Ich stelle euch einen zur Seite, der euer Leben mit euch teilt. Und er wird unerkannt bleiben, weil er einer von euch sein wird.

Er ist der Freund, der ermutigt und aufrichtet. Er hat das tröstende Wort. Er nimmt dich in den Arm und trocknet deine Tränen. Er nimmt den Putzlappen in die Hand und hilft beim Aufräumen. Er gibt dir den Schubs, der dich aufbrechen lässt. Er setzt sich zu dir und hört dir zu.

Das ist Elija.

Nach *Elie Wiesel* beschreibt die jüdische Legende Elija »als Freund und Gefährten aller, die der Freundschaft, des Trostes und der Hoffnung entbehren. Dem Zyniker bringt er Gewissheit; dem Wanderer einen Schimmer von Licht und Wärme. Dem Weisen ist er Lehrer; dem Träumer ein Traum.« Mag sein, dass Elija deshalb zur Witwe nach Sarepta geschickt wird.

Und zugleich ist es die nächste Station auf dem Weg des Propheten.

10
Am Du zum Ich

Da erging das Wort des Herrn an Elija: Mach dich auf und geh
nach Sarepta, das zu Sidon gehört, und bleib dort! Dort habe ich
einer Witwe befohlen, dich zu versorgen.
1 Könige 17,8-9

Ja, es darf eine Zeit geben, in der ich mir sozusagen »auf den
Grund« gehen darf, in der ich mich zurückziehen darf, alles
»Außen« zurücklassen kann. Nichts lenkt ab, niemand will
etwas von mir, keine Erwartungen, kein Termin- und Zeit-
druck. Nichts leisten müssen, einfach nur sein. Sein mit mir
und meinem Gott. Es braucht solche Zeiten, in denen ich neu
und immer wieder lerne zu sein. Und wie will ich für andere
etwas oder jemand sein, wenn ich mir selbst nichts bin?

Übrigens: Das geht auch mitten im Alltag und zu Hause …
es müssen nicht gleich vierzigtägige Exerzitien sein oder eine
Woche in einem Kloster. Das kann der Moment sein, in dem ich
vor die Tür trete, mir den Wind um die Nase wehen lasse, mit den
Wolken ziehe – und einfach bin. Das ist das tiefe Berührt-Sein,
wenn ein kleines Kind sich in meine Arme flüchtet und einfach
festgehalten sein will. Das ist der leuchtende Stern am Abend-
himmel, der mir erzählt, dass ein anderer an mich denkt. Und
manchmal können das auch die zehn Minuten beim Geschirr-
spülen sein, in denen einen niemand stört, weil die Gefahr viel
zu groß ist, zum Abtrocknen »verdonnert« zu werden.

All das darf sein – und muss sogar sein, wenn ich den Kontakt zum »Sein« nicht verlieren will.

Aber es ist nur ein Schritt auf dem Weg zum »mehr leben«.

Um wirklich ich selbst werden zu können, braucht es auch den anderen, das Gegenüber, in dem ich mich erkennen kann. *Martin Buber* drückt es so aus: »Der Mensch wird am Du zum Ich.« Dieses »Du« ist zum einen Gott, deswegen braucht es auch den Bach Kerit in meinem Leben – aber es ist ebenso der konkrete Mensch neben mir. Nur wenn ich »du« sagen kann, kann ich auch »ich« sagen. Erst das »andere« gibt dem »einen« wirklich sein Profil. Gott und Mensch, du und ich. Wenn es keinen Sonntag gäbe, wüsste ich nicht, was Alltag ist. Wenn es keine Männer gäbe, müssten wir Frauen nicht überlegen, was es für uns bedeutet, Frau zu sein. Erst das Unterscheidende lässt mich erkennen, was und wer ich wirklich bin. Ich finde mein »Eigenes« nur über das »Andere«. Oder noch einmal anders gesagt: Identität kann ich nur dadurch finden, dass ich sage: »Das bin ich – und das bin ich nicht.«

Die Fragen »Wer bin ich?« und »Wie kann ich mehr leben?« kann ich nur zum Teil an meinem Bach Kerit sitzend beantworten. Dieser Teil ist wichtig … aber er braucht die Ergänzung. Er braucht das »du«, das »andere«, damit ich wirklich »ich« werden kann.

Übrigens: Dieses Wissen findet sich auch in »Ubuntu«, einer afrikanischen Lebenshaltung und »Philosophie«, die auf dem gesamten Kontinent verbreitet ist. Deren Grundaussage heißt: »Der Mensch wird zum Mensch durch andere Menschen.«

Okay … ich gebe zu, das war jetzt schon ein wenig philosophisch, also an sehr grundsätzlichen Lebensweisheiten rumdenkend. Aber ich glaube, deshalb schickt Gott Elija zu dieser Witwe. Er schickt ihn als Mann zu einer Frau, er schickt ihn ins »Ausland«, um sich in der Fremde zu erfahren, er schickt einen Propheten zu einer der Ärmsten der Armen. Ein ziemlich ungewöhnlicher Job für einen Propheten, der eigentlich dazu berufen ist, dem Volk die Weisungen Gottes zu verkünden. Er soll werden im Sein ... er soll sich und sein Eigenes im Anderen entdecken ...

Die »Insel der Seligen« ist nicht gefragt, Gott braucht seine Leute bei den Menschen. Elija darf die Zeit haben, am Bach Kerit sich selbst und Gott zu finden – aber genau deshalb wird er dann auch wieder zu den Menschen geschickt. Es geht eben nicht darum, sich in einer netten Beziehung mit Gott zu verlieren – es geht um die Menschen. Es geht um Liebe, um Befreiung, um Lebendigkeit.

Ja, mag sein, der Bach Kerit wäre einfacher für Elija gewesen. Aber Gott ruft heraus ...

Einer der Mönche gibt einem niemals einen Rat, sondern stets nur eine Frage mit auf den Weg. Ich hatte gehört, seine Fragen könnten sehr erhellend sein. Ich suchte ihn auf. »Ich bin Pfarrer«, sagte ich. »Ich mache hier Exerzitien. Könntest du mir wohl eine Frage geben?«

»Aber sicher«, entgegnete er. »Meine Frage lautet: ›Was brauchen sie?‹«

Enttäuscht verließ ich ihn. Ein paar Stunden beschäftigte ich mich mit der Frage, brachte auch einige abgerungene Antworten zu Papier. Dann ließ ich frustriert den Stift fallen und ging wieder zu ihm.

»Ich belästige dich nur ungern noch einmal. Vermutlich habe ich mich vorhin etwas unklar ausgedrückt. Deine Frage war ganz hilfreich, durchaus ... Aber eigentlich wollte ich mich während dieser Exerzitien nicht so sehr mit meiner Seelsorgsarbeit befassen. Vielmehr möchte ich einmal ernsthaft über meine persönliche Spiritualität nachdenken: Könntest du mir vielleicht eine Frage mitgeben, die mehr mit meinem eigenen geistlichen Leben zu tun hat?«

»Ah, verstehe. Unter diesen Umständen ist meine Frage: ›Was brauchen sie wirklich?‹«

Theophan der Mönch, Das Kloster jenseits der Zeit

11
Entschieden für das Leben

Da machte sich Elija auf und ging nach Sarepta.
1 Könige 17,10a

Es sind nur neun Wörter ... aber die haben es in sich. Elija folgt der Weisung des Herrn ... anscheinend ohne Murren, ohne große Diskussion, ohne viel zu fragen. Zumindest erzählt der Text nichts davon. Aber es kann sein, dass dies eher etwas mit dem Verfasser des Textes zu tun hat als mit der konkreten Situation des Elija. Und eigentlich kennen wir das ja schon: So ganz nebenbei werden wir darüber informiert, dass Elijas Prophezeiung eingetroffen ist, ganz knapp und sachlich erfahren wir, dass die Raben ihn am Bach Kerit versorgen, wir hören nichts von der Lebensgeschichte des Elija, sondern in unserem Text legt er sich gleich mit Ahab an ... Und jetzt also ganz lapidar die Information, dass sich Elija aufmacht und losgeht.

Fast könnte man meinen, der Schreiber des Textes wollte »nur« so eine Art Ergebnisprotokoll erstellen, alles andere schien ihm vielleicht nicht so wichtig.

Aber ich persönlich glaube, da war sehr viel mehr ... Da waren Zweifel, da waren Fragen. Vielleicht auch ein kurzer Moment des Aufbegehrens? Was bitte soll ich als Prophet JEnvi-is im Ausland? Und was soll und kann ich als Prophet denn da tun? Jetzt habe ich mich hier grad ein wenig eingerichtet – und soll wieder weg? Andererseits: Ich bin jetzt schon so lange hier und hab nichts zu tun … und immerhin komme ich damit mal wieder unter Leute. Aber zu einer Witwe? Was soll das denn? Na gut, warum eigentlich nicht? Ein eindrucksvoller Auftrag am Königshof wäre zwar spannender – aber besser als nichts. Immerhin schickt mich der Herr mal wieder …

Die Weisung des Herrn ergeht, und Elija geht los: Ergebnisprotokoll. Ergebnis einer Entscheidung … aber eben das Ergebnis, nicht der Weg.

Die Fragen zulassen, das Positive und das Negative abwägen, Gott nochmal fragen, ob er das wirklich ernst meint, beten, nachdenken, ein Argument dafür finden, das sich zugleich als eines dagegen erweist. Im Herzen etwas spüren und der Verstand wehrt sich. Etwas logisch durchdenken und da ist plötzlich eine Stimme, die sagt: Mach's doch! Aber was für eine Stimme ist denn das jetzt schon wieder?

Entscheidungen zu treffen ist gar nicht so einfach. Das gilt für Menschen wie dich und mich heute genauso wie für Propheten damals. Eine alte, weise Ordensfrau sagte mir einmal: »Wenn du vor einer Entscheidung stehst und nicht weißt, wie du dich entscheiden sollst, dann wähle das, was dich lebendiger macht!« Lebendiger – das heißt nicht unbedingt: einfacher, glücklicher, fröhlicher. Lebendig – das heißt: sich selbst zu spüren, mit Höhen und Tiefen, Lachen und Tränen, Hoffnung und Angst. Aber vor allem: sich noch zu spüren!

Ich glaube, dass Elija durch all das »hindurchgegangen« ist – und dass er am Ende zu der Entscheidung gekommen ist, der Weisung Gottes zu folgen, auch wenn er sie in diesem Moment vielleicht nicht verstanden hat. Wie soll man diese Weisung auch verstehen?

Aber zugleich ist da ein Vertrauen, vielleicht auch eine Erfahrung – oder nur eine Hoffnung: Gott lockt uns ins Leben, er will unsere Lebendigkeit, und wenn wir uns ihm anvertrauen, dann landen wir mitten im Leben.

Elija macht sich auf. Er öffnet sich für das, was Gott von ihm will, und geht los.

Er hat seine Entscheidung getroffen ... in Richtung Leben.

12
Gott kommt unerkannt

Da machte sich Elija auf und ging nach Sarepta; als er zum Stadt-
tor kam, traf er dort eine Witwe, die gerade Holz sammelte. Er
sprach sie an und sagte: Hol mir doch in einem Krug ein wenig
Wasser zum Trinken! Als sie hinging, es zu holen, rief er ihr nach:
Bring mir doch auch einen Bissen Brot mit!
1 Könige 17,10-11

Und jetzt wird es ganz spannend: Elija macht sich also auf den
Weg, nach Sarepta, ins feindliche Ausland, zu einer Witwe.
Aber wie soll er sie finden? Er hat keinen Namen, keine Adresse
– und Sarepta ist immerhin so groß, dass es Stadttore hat. Er
weiß von ihr nur, dass Gott ihr befohlen hat, ihn zu versorgen
– und dabei ist Elijas Gott für dieses Gebiet doch gar nicht
»zuständig«, dort glauben die Leute an Baal! Wie kann er ihr
das dann befohlen haben – ganz zu schweigen davon, ob diese
Frau überhaupt auf seinen, Elijas Gott, hören würde?

Natürlich steht kein Empfangskomitee am Stadttor mit
einem Schild in der Hand: »Willkommen Elija!« ... nur eine
Frau sucht Holz zusammen. Ob das wohl diese Witwe ist?
Irgendwo muss man ja mit der Suche anfangen – und wenn es
tatsächlich die Frau sein sollte, die ihn versorgen soll, dann
kann man das wohl am besten dadurch herausfinden, dass man
sie bittet, ein wenig Wasser zu bringen. Eigentlich gar nicht
schlecht gedacht, an dem Handeln der Frau zu erkennen, ob

sie es ist, zu der Elija gehen soll. Wenn sie diese Bitte verweigert, dann ist sie es nicht. Dann soll der Prophet nicht bei ihr bleiben. Aber sie ist bereit, es zu holen …

So … und jetzt müssen wir noch einmal ganz langsam das alles durchbuchstabieren:

Elija wird von seinem Gott in dieser bedrängenden Situation seines eigenen Volkes zu einer Frau ins Ausland geschickt, sozusagen mit einem heidnischen Glauben, nicht zu Ahab, also zu den Mächtigen, nicht zu den Israeliten. Er kommt dort nicht als großer, starker Prophet an, sondern als ein Heimatloser, er hat kein Obdach und ist eigentlich auch als Prophet derzeit eher arbeitslos. Er kommt unerkannt –und er kommt zu den Ärmsten der Armen. Die Tatsache, dass die Witwe in dieser Geschichte keinen Namen hat, kann durchaus bedeuten, dass sie stellvertretend für alle Menschen steht – also auch für uns heute. Um seine Macht zu erweisen, schickt Gott seinen Propheten nicht (nur) zu denen, die an ihn glauben, sondern auch zu denen, die anderen Göttern folgen. Und es ist ziemlich klar, dass Gott kein Einschreiben an diese Frau geschickt hat, dass sie es jetzt ist, die seinen Propheten versorgen soll. Gott kommt zu denen, die in seinem Sinne handeln, die bereit sind, zum Beispiel einem namenlosen Unbekannten ein wenig Wasser zu holen.

Die Weisung Gottes an Elija und der Hinweis darauf, dass ihn eine Witwe versorgen soll, ist eigentlich »the other way round«, grad andersherum zu verstehen. »Ich habe einer Witwe befohlen, dich zu versorgen« – davon hat niemand in Sarepta anscheinend was mitbekommen. Es ist vielmehr der Hinweis an Elija: »Suche denjenigen, diejenige, die bereit ist, dir als namenlosem Unbekannten etwas Wasser zu geben, einen Dienst der Menschlichkeit an dir zu tun – der oder die ist es, bei der du als Prophet bleiben sollst!«

Die Taten zählen … ein Prophet kommt zu denen, die es »verdienen«, die sich sozusagen im Kleinen eines Propheten als würdig erweisen. Dabei scheint es Gott ziemlich egal zu sein, welchen Glauben diese Menschen haben … oder ob sie überhaupt etwas glauben. »An ihren Früchten sollt ihr sie erkennen« (Matthäus 7,16) – nicht an der Abkürzung zur Religionszugehörigkeit auf der Steuerkarte.

Zu denen wird Elija gesandt, zu denen werden die Boten Gottes gesandt – dann kann dort das Wirken Gottes sichtbar werden, dann können dort seine Wunder geschehen.

Elija kommt als der Fremde und Unbekannte zu den Menschen – und oft erkennen sie erst im Nachhinein, dass sie einen Propheten Gottes bei sich hatten.

Die namenlose Witwe ist bereit, dem Fremden diesen Dienst der Menschlichkeit zu erweisen. Und dann kann Gott in der Gestalt seines Propheten zu ihr kommen und bei ihr bleiben.

In diesem Sinn gilt: Ja, Gott hat uns allen »befohlen«, seinen Propheten zu versorgen … und manche warten auch heute noch sehr gespannt auf den Propheten, den sie da gerne bestens versorgen wollen. Die Wohnung ist wunderbar aufgeräumt, das Festmahl ist gerichtet, man hat sich nett angezogen. Aber der Prophet kommt nicht.

Denn er kommt ganz anders, als wir es erwarten.

Er kommt in dem Fremden und Unbekannten, in dem Menschen, der traurig ist und kein Obdach hat, der unter Depressionen leidet und über den Tod des Partners nicht hinwegkommt. Er kommt in dem Asylsuchenden, in dem Bettler an der Straße, in dem Kind, das missbraucht worden ist. Er kommt in den Verlassenen, den Trauernden, den Verlorengegangenen.

Und er bittet um ein Glas Wasser, eine Umarmung, ein kurzes Gespräch, eine Decke für die kalten Nächte, er bittet darum, ein wenig wahrgenommen, angesehen zu werden.

Aber es ist Gott selbst, der als Fremder und Hergelaufener mich um etwas bittet.

13
Bilder zerbrechen lassen

*Jesus kam nach Nazaret, wo er aufgewachsen war. Nach seiner
Gewohnheit ging er am Sabbat in die Synagoge und stand auf um
vorzulesen. Es wurde ihm das Buch des Propheten Jesaja gereicht.
Er öffnete das Buch und fand die Stelle, wo geschrieben stand: Der
Geist des Herrn ruht auf mir, weil er mich gesalbt hat. Er hat
mich gesandt, den Armenfrohe Botschaft zu bringen, den Gefangenen Befreiung zu verkünden und den Blinden das Augenlicht, die
Zerschlagenen in Freiheit zu entlassen, auszurufen ein Gnadenjahr des Herrn. Nachdem er das Buch zusammengerollt hatte, gab
er es dem Diener zurück und setzte sich. Die Augen aller in der
Synagoge waren auf ihn gerichtet. Da begann er, zu ihnen zu sprechen: Heute ist dieses Schriftwort vor euren Ohren erfüllt worden.
Alle stimmten ihm bei und staunten über die Worte voll Anmut,
die aus seinem Mund kamen, und sagten: Ist das nicht der Sohn
Josefs? Er erwiderte ihnen: Ihr werdet mir sicher dieses Sprichwort
entgegenhalten: Arzt, heile dich selbst! Was wir in Kafarnaum
geschehen hörten, tu auch hier in deiner Vaterstadt! Und er fügte
hinzu: Amen, ich sage euch: Kein Prophet ist in seiner Vaterstadt
willkommen. Wahrhaftig, ich sage euch: Viele Witwen gab es in
den Tagen des Elija in Israel, als der Himmel drei Jahre und sechs
Monate verschlossen war und große Hungersnot über das ganze
Land kam. Doch zu keiner von ihnen wurde Elija gesandt, sondern
nur zu einer Witwe in Sarepta im Gebiet von Sidon. Ebenso gab
es viele Aussätzige in Israel zur Zeit des Propheten Elischa, aber
keiner von ihnen wurde rein, sondern nur der Syrer Naaman. Als*

sie das hörten, gerieten alle in der Synagoge in Zorn, standen auf
stießen ihn zur Stadt hinaus und führten ihn bis zum Abhang des
Berges, auf dem ihre Stadt erbaut war, um ihn hinunterzustürzen.
Er aber schritt mitten durch sie hindurch und ging weg.
Lukas 4,16–30

Es ist eine dramatische Szene, die Lukas hier in seinem Evangelium schildert: das erste öffentliche Auftreten Jesu in seiner Heimatstadt. Und die Schriftstelle aus dem Buch des Propheten Jesaja, die an diesem Sabbat als Lesung vorgesehen ist, wird zugleich zur »Antrittsrede« Jesu, das ist sein Programm: Der Geist des Herrn ruht auf mir, weil er mich gesalbt hat. Er hat mich gesandt, den Armen frohe Botschaft zu bringen, den Gefangenen Befreiung zu verkünden und den Blinden das Augenlicht, die Zerschlagenen in Freiheit zu entlassen, auszurufen ein Gnadenjahr des Herrn (Lukas 4,18.19a).

Zuerst schlagen die Wellen der Begeisterung hoch, wie so oft, wenn man programmatische Antrittsreden hört. Aber dann kommen doch Zweifel auf: Den kennen wir doch! Das ist doch der Sohn von Josef! Wieso maßt der sich an, sowas zu sagen? Der ist doch hier groß geworden!

Weil man meint, etwas oder jemanden zu kennen, erkennt man oft nicht mehr, was es eigentlich zu erkennen gäbe. Meine Bilder, wie etwas oder wie jemand zu sein hat, verstellen mir den Weg, das Eigentliche im anderen zu erkennen. Kinder werden von ihren Eltern nicht »erkannt«, wenn sie nicht so sind, wie sie sein sollen. Ein alter Mensch, dement, wird zur Last und Belastung, weil ich mir nicht mehr die Zeit nehme, das Eigentliche und Besondere in ihm zu entdecken – oder weil es den Ablauf des Pflegealltags stört. Und auch über eine ganz tiefe Liebe kann sich der Alltag so sehr mit seinen Anforderungen legen, dass das Geheimnis, das Wunder der Liebe, dabei verloren geht.

Unsere Bilder, unsere Vorstellungen, unsere Erwartungen können uns den Weg zu dem verstellen, was eigentlich wichtig ist.

Und auch den Einwohnern von Nazaret haben ihre Bilder und Vorstellungen von Jesus den Weg zu ihm versperrt. Deswegen kann er dort keine Wunder wirken. Deshalb gilt der Prophet nichts im eigenen Heimatland.

Das ist auch der Grund, warum Jesus die Einwohner von Nazaret genau an diese Geschichte mit Elija und der Witwe von Sarepta erinnert.

Wie war das noch?

Er kommt unerkannt, und er kommt zu den Ärmsten der Armen. Er kommt zu denen, die bereit sind, dem ganz Anderen Raum zu geben. Er kommt nicht, um irgendwelchen Bildern und Vorstellungen zu entsprechen, wie er zu sein hat. Und immer dann und dort, wo man ihn festschreiben will, wird er nichts tun können.

Gott ist ganz anders …

Es kann sehr wehtun, wenn Menschen erleben müssen, dass Gott möglicherweise ihren Bildern nicht entspricht. Mag sein, dass man dann manchmal sogar bereit ist, dieses Störende, dieses Unangenehme, diese Wahrheit, der man ins Auge schauen sollte, den Abhang hinunterzuwerfen. Aus den Augen, aus dem Sinn … was nicht mehr da ist, kann mich nicht mehr irritieren …

Er aber schritt einfach durch die Menschenmenge hindurch und ging weg.

Er entzieht sich denen, die ihre Bilder von ihm haben.

Er geht zu denjenigen, die ihn nicht einmal kennen … aber die bereit sind, ihm einen Schluck Wasser zu geben, weil er einer der ihren ist. Ein Obdachloser mitten unter Obdachlosen, ein Heimatloser unter denen, die keine Heimat haben, ein Hungriger unter Hungrigen, ein Dürstender unter Dürstenden.

Das ist die Solidarität Gottes.

So wie Elija zu der Witwe von Sarepta kam, kommt Jesus zu den Menschen.

14
Zurück ins Leben

Da machte sich Elija auf und ging nach Sarepta; als er zum Stadt-
tor kam, traf er dort eine Witwe, die gerade Holz sammelte. Er
sprach sie an und sagte: Hol mir doch in einem Krug ein wenig
Wasser zum Trinken! Als sie hinging, es zu holen, rief er ihr nach:
Bring mir doch auch einen Bissen Brot mit! Da erwiderte sie: So
wahr der Herr, dein Gott lebt, ich habe nichts Gebackenes, sondern
nur noch eine Hand voll Mehl im Topf und ein bisschen Öl im
Krug. Gerade sammle ich hier ein paar Stücke Holz, dann will ich
heimgehen und für mich und meinen Sohn etwas zum Essen zube-
reiten und dann sterben.
1 Könige 17,10-12

Eigentlich hat diese Witwe abgeschlossen mit dem Leben.
Noch etwas Holz sammeln, eine letzte Mahlzeit zubereiten –
und dann sterben. Ihre Energien sind nicht mehr auf das Leben
ausgerichtet, sondern auf das Sterben, sie hat keine Hoffnung
mehr, sieht keine Zukunft.

Und doch ist sie bereit, die Bitte Elijas um ein wenig Wasser
zu erfüllen. Sie ist bereit, das zu tun, was sie noch tun kann, um
dem Leben zu dienen. Vielleicht ein letztes Aufbäumen? Aber
ihre Möglichkeiten, ihre Kräfte sind begrenzt. Sie kann nicht
geben, was sie nicht hat.

Sie ist in einer verzweifelten Situation. Ihr bleibt nur der
Tod … und doch bleibt ihr noch etwas: Anstand und Würde!

Sie hätte ja schon die Bitte des Propheten um etwas Wasser unwirsch ablehnen können, denn sie hat ja nun wirklich grad andere Sorgen! Aber nein, sie schiebt ihre Todespläne ein wenig auf, um ihm diesen Dienst zu tun.

Oder vielleicht ist es wieder mal genau andersherum? Sie hat abgeschlossen mit ihrem Leben. Sie kann sich nur noch das Sterben vorstellen. Niemand braucht sie, sie ist für niemanden mehr wichtig. Und da kommt einer und fragt sie, gerade sie! Da schaut sie einer an, da nimmt sie einer wahr! Da erinnert sie einer an das Leben! Da braucht einer etwas, was sie tun kann! Ein wenig Wasser im Krug …

Da spricht sie einer an, bittet sie um etwas, und holt sie damit ins Leben zurück … und das mit dem Sterben wird ein wenig aufgeschoben.

Sterben wollen Menschen dann, wenn sie keine Zukunft mehr sehen, wenn sie für niemanden wichtig sind, wenn niemand etwas von ihnen will, wenn man sie nicht brauchen kann, wenn niemand da ist, der sie liebt.

Mit seiner Frage holt Elija die Frau ins Leben zurück. Ich bitte dich um etwas, ich traue dir etwas zu, ich brauche dich. Ich nehme dich wahr.

Immerhin … Todespläne werden aufgeschoben: Die Frau geht zurück, um Wasser zu holen, schweigend.

Und ein bisschen Brot – manchmal braucht es die zweite Frage, die zweite Bitte, die vielleicht sogar über die Möglichkeiten des anderen hinausgeht, um in ein Gespräch zu kommen, um den anderen neu an das Leben zu erinnern.

Die Witwe wendet sich Elija zu, und sie, die bisher geschwiegen hat, weil niemand sie hören wollte, findet plötzlich Worte, kommt zur Sprache. Endlich kann sie ihre Not jemandem

offenbaren, und da ist einer, der zuhört: Ich habe nichts Gebackenes mehr. Ich bin am Ende. Ich kann nicht mehr, und ich
will nicht mehr.

Das ist der erste Schritt zur Heilung: meine Bedürftigkeit
wahrnehmen und zum Ausdruck bringen. Und da ist einer, der
fragt, der mich wahrnimmt, der mich um etwas bittet – der mir
zuhört.

Und der mich genau dadurch neu ins Leben ruft.

Prophet zu sein – die Stimme Gottes bei den Menschen –,
mag sein, dass dies manchmal einfach nur heißt, die wahrzunehmen, die niemand wahrnimmt, die anzuschauen, die niemand anschaut, die zu bitten, die niemand fragt.

15
Wenn jeder gibt, was er hat

*Elija aber antwortete ihr: Fürchte dich nicht! Geh hin, tu, wie du
gesagt hast, nur mach mir zuerst einen kleinen Fladen und bring
ihn mir heraus; für dich aber und deinen Sohn mach danach einen.
Denn so spricht der Herr, der Gott Israels: Der Mehltopf soll nicht
leer werden und der Ölkrug nicht versiegen, bis zu dem Tag, an
dem der Herr Regen fallen lässt auf den Erdboden. Da ging sie hin
und tat, wie Elija gesagt hatte. Und sie hatte zu essen, sie und ihr
Sohn. Der Mehltopf wurde nicht leer und der Ölkrug versiegte
nicht nach dem Wort des Herrn, das er durch Elija gesprochen hatte.*
1 Könige 17,13-16

Fürchte dich nicht! Welch wunderschöne, fast schon zärtliche
Antwort ist es, die Elija hier gibt! Die Frau hat sich ihm mit
ihrer Bedürftigkeit offenbart, sie hat sich getraut, ihre Armut
zu zeigen. Und eigentlich könnte Elija da schon ins Zweifeln
kommen: Das soll die Frau sein, der Gott befohlen hat, ihn zu
versorgen? Eine, die selbst nichts hat? Er könnte sich abwen-
den – ist das wirklich die richtige Adresse? Stattdessen:
»Fürchte dich nicht!«

Darf ich Sie noch einmal einen Schritt mit zurücknehmen?
»Dort habe ich einer Witwe befohlen, dich zu versorgen!»
Kein Wort davon, dass es Wasser und Brot und Fleisch sein
müssen. Kein Wort davon, dass es dem Propheten dort gutge-
hen wird.

Der Prophet wird mit etwas anderem »versorgt«: Eine Frau, die sich ihm zuwendet, die sich traut, ihre Armut einzugestehen, die ihre Not in Sprache bringt. Sie vertraut sich ihm an. Es geht nicht darum, dass Elija in dem Sinne gut versorgt ist, wie man es herkömmlich verstehen mag – es geht darum, dass er seine Aufgabe findet. Und dass er sich findet, indem er seine Aufgabe findet.

»Es gibt einen Weg, den keiner geht, wenn du ihn nicht gehst!«, so sagt es *Werner Sprenger* in einem Text. Die Begegnung mit der Witwe in Sarepta ist eine Station auf dem Weg des Elija.

Er wird nicht nur zu den Großen und Mächtigen geschickt, sondern auch zu den Kleinen und Armen. Er soll dort helfen, wo Not ist, er soll erkennen und spüren, wie es den »kleinen Leuten« geht.

Nein, die »kleinen Leute« sollen ihn nicht mit Essen und Trinken versorgen, sondern sie sollen ihn mit dem »versorgen«, was ihr Leben ausmacht: Sie sollen ihm ihre Bedürftigkeit, ihre Armut, ihre Not geben.

Und Elija soll »dort bleiben« – das heißt, er soll all das mitleben, mittragen, mitleiden.

Vielleicht erkennen sich die beiden in ihrer Armut? Sie, die Witwe, die mit dem Leben abgeschlossen hat – er, der Prophet, derzeit arbeitslos …

Elija holt sie ins Leben zurück – und sie ihn. Beide geben, was sie haben, was sie sind. Sie gibt ihre Armut, er seine Obdachlosigkeit, vielleicht sogar seine Fragen und Zweifel, ob er als Prophet gerade überhaupt irgendwie nützlich sein kann.

Es ist nicht viel, was beide geben können. Er – die Zusage für den Mehltopf, der nicht leer wird, den Ölkrug, der nicht versiegt, wenig genug für einen Propheten, der seinen letzten großen Auftritt bei Ahab, dem König hatte. Sie – einen Raum zum Leben, vielleicht ein »du«, Kommunikation, Beziehung?

Gott will diese Station auf dem Weg des Elija. Sie scheint notwendig zu sein.

Das »ich« braucht das »du«.

Das »Sich-alleine-auf-den-Grund-Gehen« braucht die Ergänzung durch die Beziehung, durch die Begegnung.

Der Prophet braucht die Demut, die Erdung, die Konfrontation mit der Armut.

Und der Mensch braucht die Zusage des Göttlichen in seinem Leben – und zwar mitten in seinem Alltag: Der Mehltopf wird nicht leer werden und der Ölkrug nicht versiegen.

Gott wirkt auch in kleinen Dingen …

16
Das Letzte geben

*Danach erkrankte der Sohn der Frau, der das Haus gehörte, und
seine Krankheit verschlimmerte sich so sehr, dass kein Lebensatem
in ihm verblieb. Da sagte sie zu Elija: Was habe ich mit dir zu
schaffen, du Gottesmann? Du bist wohl zu mirgekommen, um an
meine Sünden zu erinnern und meinem Sohn den Tod zu bringen?
Er antwortete ihr: Gib mir deinen Sohn! Dann nahm er ihn von
ihrem Schoß, trug ihn in das Obergemach, wo er wohnte, und legte
ihn dort auf sein Bett.*
1 Könige 17,17-19

Nun gut, das kennen wir ja inzwischen schon: So ganz nebenbei werden wir darüber informiert, dass Elija in das Haus der
Witwe eingezogen ist und dort im Obergemach wohnt. Er hat
den Auftrag Gottes erfüllt und ist »dort geblieben«. Ob er
einen Sinn darin gesehen haben mag? Ob er vielleicht auf eine
neue Weisung Gottes gewartet hat? Ob er sich gefragt hat, was
das Ganze soll? Wir wissen es nicht.

Und dann passiert es: Der Sohn der Witwe wird krank und
stirbt. Er, der gerade eben erst durch das Wunder des Mehl-
topfs und des Ölkrugs eine neue Chance zum Leben bekommen hat, stirbt jetzt an einer Krankheit. Nach ihrem Mann
verliert diese Frau nun auch noch ihren Sohn – und das ist wohl
das Schlimmste, was einer Mutter passieren kann: ein Kind, ihr
Kind sterben zu sehen.

Kein Wunder, dass sich ihre Stimmung, ihre Anklage gegen Elija richtet! In dieser existenziellen Situation ist schnell vergessen, dass Elija derjenige war, der die Zusage mit dem Mehl und dem Öl machte, die Prophezeiung, die eingetroffen ist und der sie – und ihr Sohn! – ihr Leben verdanken.

Und es ist verständlich …

An diesem hergelaufenen Propheten ist etwas Geheimnisvolles, er scheint irgendetwas mit seinem Gott zu tun zu haben, wie sonst sollte man das mit dem Mehl und dem Öl erklären? Und wenn jetzt wieder etwas so Unerklärliches passiert, dann bleibt nur die Überlegung, dass er, dieser Prophet, auch damit etwas zu tun haben muss! Und wen hat sie denn sonst, dem sie die Schuld geben könnte?

Alles sehr, sehr menschlich. Das »Hosianna« kann ganz schnell umschlagen in ein »Kreuzige ihn!«. In einem Moment bejubelt, gefeiert – und im nächsten ans Kreuz geschlagen. Das Gute, das einer wirkt, wird dankbar entgegengenommen, ist aber schnell vergessen, wenn das Schlechte oder Böse kommt. Und so wie man das Gute nicht erklären konnte – und für das Schlechte auch keine Erklärung hat, wird es dann demjenigen zugeschoben, der sowieso ein bisschen anders und ein bisschen fremd ist.

Heiliger oder Hexer zu sein lag in der Geschichte der Menschheit immer schon nah beieinander – und beide Gestalten sind in ihrem Anders-Sein ein wenig suspekt. Elija weiß das, und deshalb reagiert er auch nicht verteidigend oder aggressiv.

Er bittet vielmehr, irgendwie zärtlich: Gib mir deinen Sohn!

Der Körper ihres Sohnes ist das Letzte, was der Frau von ihm geblieben ist – und den soll sie hergeben? Und gerade dem, von dem man noch nicht einmal weiß, ob er nicht an all dem schuld ist?

Ich erinnere mich an Nachrichten über einen Flugzeugabsturz über dem Atlantik. Ja, es ist so unsagbar wichtig für die Trauer eines Menschen, den toten Körper zu sehen, ihn vielleicht noch einmal festhalten zu können, ihm einen Ort zu geben. Und vielleicht war das das Schlimmste für die Angehörigen der Unfallopfer: Nicht einmal mehr den Körper zu »haben« und keinen Ort für die Trauer.

Der tote Sohn liegt im Schoß der Mutter, das Kind, das sie zur Welt gebracht hat. Und sie lässt es zu, dass Elija den Körper ihres Sohnes nimmt und mit sich fortträgt.

Ist es die schiere Hoffnungslosigkeit, die Verzweiflung? Oder ist es vielleicht doch die Hoffnung, dass noch einmal ein Wunder geschieht?

Sie lässt los.

Sie vertraut.

Sie gibt sich hinein.

Sie gibt das, was in ihr gestorben ist, an Elija.

Und er nimmt es mit in das Obergemach … er trägt das Tote ein wenig mehr dem Himmel und dem Leben und Gott entgegen.

Das aber geht nur, weil sie lässt … und weil es da einen gibt, der Erde und Himmel miteinander verbindet.

17
Zusage

Dann rief Elija zum Herrn: Herr, mein Gott, willst du wirklich
die Witwe, bei der ich wohne, ins Unglück bringen, indem du ihren
Sohn tötest? Darauf streckte er sich dreimal über den Knaben hin
und rief zum Herrn: Gott, lass doch das Leben in diesen Knaben
zurückkehren! Der Herr erhörte das Rufen Elijas und ließ das
Leben in den Knaben zurückkehren, sodass er wieder auflebte. Dann
nahm Elija den Knaben, brachte ihn vom Obergemach hinunter ins
Haus, übergab ihn seiner Mutter und sagte: Dein Sohn lebt! Die
Frau aber sprach zu Elija: Nun weiß ich, dass du ein Gottesmann
bist und dass das Wort des Herrn wirklich in deinem Mund ist.
1 Könige 17,20-24

Welch bewegende Szene mitten in dem scheinbaren Alltag
dieser kleinen Wohngemeinschaft! Der Tod des Sohnes – Elija,
der ihn mit in sein Zimmer nimmt und auf das Bett legt – die
Frau, die wahrscheinlich vollkommen verstört unten zurück-
bleibt. Und auch Elija fragt seinen Gott: Muss das denn wirklich sein?

Elija versteht seinen Gott nicht mehr. Das bedeutet aber
nicht, dass er ihn »abschreibt«, sich von ihm abwendet. Er
bleibt in Verbindung mit ihm – er fragt ihn, ja, er wirft ihm
seine Anfrage regelrecht vor die Füße. Das darf man. Wenn
man Gott nicht mehr versteht, dann darf man ihm das einfach
entgegenschreien! Gott hält das aus.

Und es ist wichtig, genau das zu tun. Es kann durchaus befreien, den Ärger, die Wut, die Trauer, den Protest loszuwerden, ihn auszusprechen, ihn jemandem vor die Füße zu werfen. Wie gut, wenn man dann jemanden hat, dem man das hinwerfen kann! Und von dem man sicher sein kann, dass er das aushält und versteht.

Ich kenne das gut. Manchmal braucht es das kräftige Schimpfwort, wenn sich gerade mal wieder alles gegen mich verschworen hat, manchmal braucht es die vorwurfsvolle Frage, die man einfach aussprechen darf – ohne eine Antwort zu erwarten. Man macht sich Luft, indem man etwas »herauslässt«.

Auch Elija erwartet anscheinend keine Antwort auf seine Frage – und er bekommt auch keine Antwort. Aber er muss sie stellen, um dadurch wieder ins Handeln kommen zu können: Er muss sie loswerden, um neu frei werden zu können.

Und dann handelt er. Er streckt sich dreimal über den Jungen hin – das heißt, er legt sich auf ihn. Die Zahl »drei« kennen wir aus der Zahlensymbolik: Die gute Fee im Märchen bringt immer drei Wünsche mit. »Drei« steht für die Vollkommenheit und die Synthese, die Verbindung.

Die körperliche Haltung, sich auf jemanden zu legen, will zum Ausdruck bringen, dass die Kraft des eigenen, lebendigen Körpers auf den anderen übergehen soll. Es wird zum Beispiel auch von *Hildegard von Bingen* überliefert, dass sie sich mit ihrem Körper auf kranke Mitschwestern legte, um sie zu heilen.

Entscheidender aber ist, dass Elija jetzt selbst aktiv wird. Er hat Gott seine Frage, seinen Protest entgegengeschleudert – jetzt könnte er sich ja einfach schmollend in seine Ecke setzen und warten, was Gott nun tut.

Ein altes deutsches Sprichwort sagt: »Hilf dir selbst, dann hilft dir Gott!« ... und es scheint sich zu bewahrheiten. Elija handelt, tut etwas – und bittet Gott ganz konkret darum, dass das Leben in diesen jungen Mann zurückkehrt. Aus der Anklage, dem Protest, wird das eigene Handeln und die Bitte. Und dann kann Gott das Seine dazu tun.

Und das Leben kehrt in den Sohn der Witwe zurück.

Ja, jetzt kann man natürlich viele Überlegungen anstellen, wie das faktisch gewesen sein mag. Die mögen alle sehr spannend sein – und möglicherweise genau von dem ablenken, was eigentlich ausgesagt werden will: Etwas Totes kann neu lebendig werden. Gefühle, die ich begraben und verschüttet hatte, können neu zum Leben erwachen. Begabungen und Fähigkeiten in mir können zum Tragen kommen, wenn sie jemand hervorruft. Etwas in mir kann neu wachsen, wenn es liebend angeschaut wird.

Wie das gehen kann, davon erzählt diese kleine Episode: Ich muss bereit sein, das Tote, das in mir Gestorbene herzugeben, loszulassen. Ich kann und darf es Gott geben, ich trage es ihm entgegen. Ich darf mit ihm streiten, mich beklagen, protestieren – und doch schaut er es an. Und ich kann bitten – ich kann Gott sagen, was ich brauche.

Und für den Fall, dass ich nicht weiß, was ich konkret brauche oder wo mein Weg hingehen soll – dann geb ich Gott eben genau dies.

Wichtig könnte sein: Meinen Teil tun – und Gott seinen nicht abnehmen.

Genau das tut Elija.

Und Gott erhört seine Bitte und lässt das Leben in den jungen Mann zurückkehren. Elija gibt ihn seiner Mutter zurück. Er hält ihn nicht fest, er lässt ihn los.

Und diese Frau erkennt die Kraft, die in Elija zum Tragen und zum Wirken kommt. Deshalb kann sie so überzeugt sagen: »Nun weiß ich, dass du ein Gottesmann bist und dass das Wort des Herrn wirklich in deinem Mund ist.«

Sie gibt Elija damit eine Identität, sie sagt ihm zu, wer er für sie ist.

Manchmal brauchen wir Menschen solche Zusagen, um den nächsten Schritt gehen zu können. Manchmal brauchen wir einen, der uns erkennt und der uns Mut macht, neu aufzubrechen.

Und auch für Elija steht der nächste Schritt an …

18
Die drei Bälle des Lebens

Nach langer Zeit, im dritten Jahr, da erging das Wort des Herrn
an Elija: Geh, zeig dich Ahab, denn ich will Regen auf die Erde
senden. Da ging Elija hin, um sich Ahab zu zeigen.
1 Könige 18,1.2a

Jetzt also der nächste Schritt für Elija: Nach dem »Geh und
verbirg dich« und dem »Geh und bleibe« nun »Geh und zeig
dich«.

Ein spannender Dreiklang auf dem Weg eines Propheten
– und auf dem Weg hin zu mehr Leben. Und jede Station
scheint wichtig zu sein – und braucht die anderen Stationen.

Geh und verbirg dich!

Es braucht die Zeit, sich auf den Grund zu kommen, die
Zeit der Stille, die Zeit der Einsamkeit. Ich darf bei mir sein
– aber ich darf mich darin nicht verlieren.

Geh und bleibe!

Es braucht die Zeit für die Beziehung, die Begegnung mit
anderen. Im Du des anderen kann ich mich selbst finden – aber
ich darf mich nicht damit zufriedengeben.

Geh und zeig dich!

Irgendwann ist die Zeit, »hervorzukommen«, sich zu zeigen, die Bühne zu betreten, seine Rolle zu übernehmen, seinen Part zu spielen – in aller Öffentlichkeit. Es geht eben
nicht nur darum, sich in etwas zu verlieren oder sich in Begeg-

nung und Beziehung zu finden. Beides hat auch ein »Wozu«
– aber dieses »Wozu« braucht wiederum die Zeit der Stille
und der Einsamkeit, um daraus zu wachsen. Und es braucht
die Begegnung, die Beziehung mit anderen, um daraus Kraft
zu schöpfen.

Fast kommt es mir vor, als seien diese drei Weisungen des
Herrn an Elija wie drei Bälle, die ihm – und mir! – zugeworfen
werden. »Mehr leben« – das braucht alle drei. Und optimal
wäre es natürlich, wenn alle drei Bereiche ineinandergreifen
würden, sich gegenseitig befruchten und ergänzen. Manche
Menschen aber ergreifen nur einen der drei Bälle – und lassen
die anderen zwei unbeachtet liegen.

Einige spielen nur mit dem Ball des Sich-Verbergens.
Manchmal verbergen sie sich so sehr, dass man sie gar nicht
mehr sehen und finden kann. Sie sind bei sich und Gott und
brauchen nichts und niemanden mehr sonst. Sie leben wie am
Bach Kerit, zurückgezogen, unauffällig, genügsam.

Andere leben sozusagen in Sarepta: in Beziehung mit
einem Menschen, irgendwie im anderen zu Hause. Sie haben
sich entschieden zu bleiben. Und manchmal vergessen sie vor
lauter Bleiben sich selbst. Und gelegentlich auch das Aufbrechen.

Und wieder andere zeigen sich nur noch auf der Bühne des
Lebens, haben aber dabei schon längst die Beziehung zu sich
selbst und den anderen verloren.

Gott zeigt Elija auf seinem Weg, dass alle drei Dinge das
Leben ausmachen: bei sich sein, mit anderen sein, für etwas
sein.

Wir sind eingeladen, mit allen drei Bällen wie ein Jongleur
zu spielen.

Am besten wäre es, wenn alle drei in einer Balance wären, wenn jedes seine Zeit und seinen Raum hätte. Aber diese drei Bälle können nicht immer im Gleichgewicht sein. Manchmal braucht es mehr Zeit für das eine als für das andere. Manchmal fordert mich die Familie so, dass ich selbst nicht mehr vorkomme – und mir auch die Nachrichten im Fernsehen nicht mehr wichtig sind: Eine pflegebedürftige Mutter, die pubertierende Tochter, die viel Aufmerksamkeit erfordert. Dann wieder gibt es Zeiten, in denen sich eine Aufgabe so viel Zeit, Raum und Kraft nimmt, dass nicht viel anderes mehr geht: Stress im Beruf, eine bevorstehende Prüfung, Umwälzungen in meiner unmittelbaren Umgebung. Und manchmal spüre ich, dass ich so in mir verwickelt bin, dass ich keine Augen und keine Ohren mehr für andere und anderes habe.

Aber genau dann könnten diese drei Weisungen Gottes an Elija ein Weg sein, wieder in die Balance zu kommen. Klar, die Reihenfolge, die Gott für Elija wählt, wäre natürlich schon die ideale: sich in der Beziehung mit Gott erspüren und erleben, diese Erfahrung und das Leben mit anderen teilen und dann tätig und aktiv werden. Aber das muss nicht zwingend so sein. Das Leben geht in aller Regel nicht so, dass auf Stufe 1 Stufe 2 folgt. Es ist keine Rennstrecke, an der man von einem Punkt A losläuft und an einem Ziel B ankommt. Wer sein Leben in einem solchen Sinn linear versteht und eines nach dem anderen abhaken will, wird scheitern.

Das Leben ist eher wie eine Wendeltreppe in einem Turm. Manchmal hat man das Gefühl, nicht voranzukommen, sich im Kreise zu drehen. Man kommt an Punkte, an denen man eigentlich schon mal war, und fragt sich: Hatte ich das nicht schon? Das kommt mir doch bekannt vor!

Ja, das haben Wendeltreppen so an sich.

Wenn man zwanzig Treppenstufen hochgeklettert ist und sich dabei einmal um 360 Grad gedreht hat, sieht man das, was man vorher schon sah – scheinbar. Und doch ist man zwanzig Treppenstufen höher und der Blickwinkel hat sich leicht geändert – auch wenn man es selbst noch nicht wahrnimmt, weil man anscheinend wieder auf dasselbe guckt. Die Familie ist noch so, wie sie immer war, die Situation am Arbeitsplatz hat sich nicht verbessert, und ich habe immer noch nicht gelernt, »nein« zu sagen.

Und doch hat sich etwas geändert. Und sei es nur unmerklich. Die Weite des Meeres lässt mich empfindlicher werden für die Enge einer Lebensgemeinschaft. Die Ruhe und Stille eines Klosters macht mich skeptischer gegenüber den lauten Tönen der Welt. Die Erfahrung zu lieben macht mich aufmerksam für den Menschen. Und die rasche und hektische Welt verweist mich wiederum auf die Stille und die Begegnung.

Es ist ein Kreislauf: bei sich sein, mit anderen sein, für etwas sein. Jedes hat seine Zeit und seinen Raum.

Und ich kann und darf allem seine Zeit und den Raum geben.

Geh und verbirg dich.

Geh und bleibe.

Geh und zeig dich.

Und es kann durchaus sein, dass es dann wieder eine Zeit gibt, in der du dich wieder verbergen musst.

19
Sich zeigen

Nach langer Zeit, im dritten Jahr, da erging das Wort des Herrn an Elija: Geh, zeig dich Ahab; denn ich will Regen auf die Erde senden. Da ging Elija hin, um sich Ahab zu zeigen. Die Hungersnot aber wurde immer größer in Samaria, sodass Ahab seinen Palastvorsteher Obadja rufen ließ. Obadja aber war ein eifriger Verehrer des Herrn. Als Isebel die Propheten des Herrn auszurotten suchte, hatte Obadja einhundert Propheten genommen, sie in einer Höhle versteckt, je fünfzig Mann, und mit Speise und Trank versorgt. Ahab sprach also zu Obadja: Auf zu allen Wasserquellen und Bächen im Land! Vielleicht finden wir Gras, damit wir Pferde und Maultiere am Leben erhalten und keines von den Tieren eingehen lassen müssen. Sie teilten sich also das Land, um es zu durchstreifen. Ahab ging für sich den einen Weg und Obadja für sich den anderen Weg. Als nun Obadja unterwegs war, da trat ihm plötzlich Elija entgegen. Sobald er ihn erkannte, fiel er auf sein Angesicht und sagte: Bist du es, mein Herr Elija? Er antwortete ihm: Ich bin es; geh, sag deinem Herrn: Elija ist da! Der aber erwiderte: Was habe ich gesündigt, dass du deinen Knecht Ahab in die Hand ausliefern willst, dass er mich tötet? So wahr der Herr, dein Gott, lebt, es gibt kein Volk und kein Reich, wohin mein Herr nichtgesandt hätte, um dich zu suchen; und wenn sie dann antworteten: Er ist nicht hier, so ließ er das Reich und das Volk schwören, dass man dich nicht gefunden hätte. Und nun sagst du: Geh hin und sag deinem Herrn: Elija ist da! Wenn ich nun von dir fortgehe und es trägt dich dann der Geist des Herrn

*an einen Ort, den ich nicht kenne, ich aber ginge zu Ahab, um es
zu melden, und man fände dich nicht, dann wird er mich töten.
Dabei ist doch dein Knecht ein Verehrer des Herrn von Jugend
an. Ist es meinem Herrn nicht gemeldet worden, was ich getan
habe, als Isebel die Propheten des Herrn töten wollte? Wie ich da
von den Propheten des Herrn einhundert versteckte, je fünfzig in
einer Höhle, und sie mit Essen und Trinken versorgte? Und nun
sagst du: Geh hin und sag deinem Herrn: Elija ist da. Ahab wird
mich töten. Da antwortete Elija: So wahr der Herr, der Gott der
Heerscharen, lebt, in dessen Dienst ich stehe, heute noch will ich
mich ihm zeigen.*
1 Könige 18,1-15

Ein langes Zwischenspiel in dem bisher so kurz gehaltenen
Text, das uns aber einige wichtige Informationen liefert.

Zum einen wird hier eindrücklich beschrieben, welche
katastrophalen Auswirkungen die Trockenheit hat: Es gibt
sogar kein Gras mehr für die Maultiere und die Pferde, so dass
die Tiere eingehen. Man braucht nur wenig Fantasie, um sich
auszumalen, wie es dann erst um die Nahrung der Menschen
bestellt ist!

Und das Verschwinden Elijas ist doch nicht so einfach von
Ahab hingenommen worden: kein Volk, kein Reich, wo Ahab
nicht nach ihm suchen ließ! Der Beginn der Trockenheit
wurde mit Elija verbunden, und man ahnte wohl, dass es auch
nur Elija sein würde und könnte, durch den diese Dürre ein
Ende hat. Indem Gott Elija am Bach Kerit verbarg und ihn
dann ins Ausland schickte, hat er sozusagen seine schützende
Hand über den Propheten gelegt. Manchmal erkennt man erst

im Nachhinein, dass es ganz gut war und seinen Sinn gehabt hatte, aus dem Verkehr gezogen worden zu sein!

Wir erfahren, dass Isebel, die Frau des Ahab, alle Propheten Jhwhs auszurotten versuchte, um damit den Priestern und Propheten des Baal freie Bahn zu schaffen. Und doch: Da gibt es mitten am Hof des Ahab einen nach wie vor aufrechten Israeliten, Obadja (auch sein Name klingt übrigens wie ein Programm und macht hellhörig: Obadja bedeutet »Diener Jhwhs«). Obadja hat sogar die wichtige Aufgabe des Palastvorstehers, der wohl die Besitztümer des Königs verwaltete. Er wagt es, gegen die Weisungen der Königin zu handeln und einhundert Propheten Jhwhs in Höhlen zu verstecken und sie mit Essen und Trinken zu versorgen. Vielleicht wird es Obadja erst durch seine Aufgabe am Hof möglich, heimlich zumindest diese Propheten Jhwhs zu retten. Es gab und gibt sie noch immer, diese Menschen mit Rückgrat, die sich einer Sache oder Menschen wegen in Gefahr begeben – und die sogar scheinbar aussichtslose Situationen zum Guten nutzen.

Umso verblüffender erscheint aber nun die Begegnung zwischen Obadja und Elija. Obadja erkennt Elija im Näherkommen und erweist ihm die Ehre, die diesem großen Mann gebührt. Aber das Ansinnen, Ahab zu melden, dass Elija da ist, lehnt er strikt ab. Was, wenn er die Nachricht überbringt – und Elija wird plötzlich vom Geist des Herrn wieder weggetragen? Wahrscheinlich hatte man sich so das plötzliche Verschwinden Elijas und die vergebliche Suche nach ihm erklärt. Was, wenn das jetzt wieder geschieht – nachdem Obadja ihn gerade gefunden hat? Das wäre der Tod von Obadja, denn Ahab würde ihn in seiner Wut sicher töten lassen. Obadja hat schlicht und ergreifend Angst … Angst um sein Leben, Angst vor Ahab, aber vielleicht auch ein wenig Angst vor Elija und Jʜwʜ – weiß man denn, was die als Nächstes vorhaben? Und wie um sich zu rechtfertigen, weist er nochmal darauf hin, dass er doch ein treuer Verehrer Jʜwʜs ist und dass er es war, der die einhundert Propheten versteckt hat. Es kann ja schließlich nicht schaden, Elija daran zu erinnern – und damit auch Jʜwʜ.

Und es ist sehr menschlich: Da will jemand etwas von mir, und ich habe Angst, es zu tun. Aber ich habe auch Angst, dieses Ansinnen einfach abzulehnen, weil dieser Mensch (oder gar Gott?) so wichtig ist. Und so versuche ich mich zu erklären und zu rechtfertigen, um Verständnis zu bitten, dass ich es nicht tun kann und tun will.

Die Tatsache, dass Obadja hier an dieser Stelle so ausführlich zu Wort kommt, nachdem die Geschichte des Elija bisher eher karg und nüchtern erzählt wurde, könnte ein Hinweis darauf sein, dass es dem Schreiber und/oder den Hörern der Geschichte wichtig war und sie sich mit ihren Erfahrungen darin wiederfanden. Wir Menschen stecken oft in der Zwickmühle, wenn wir verschiedenen Herren dienen, und neigen dazu, so wie Obadja zu reagieren, selbst wenn wir eigentlich zu einer Sache oder einer Idee oder gar Gott stehen.

Und es könnte zugleich ein Hinweis darauf sein, dass es nicht so besonders viel Zweck hat, auszuweichen, sich herauszureden, denn Elija bleibt hartnäckig: »So wahr der Herr, der Gott der Heerscharen, lebt, in dessen Dienst ich stehe, heute noch will ich mich ihm zeigen.«

Vielleicht ist Ihnen beim Lesen noch etwas aufgefallen.

»Geh und verbirg dich« und »Geh und bleibe« – diese Weisungen des Herrn hat Elija einfach ausgeführt, auch wenn vielleicht manches an persönlicher Auseinandersetzung damit verbunden war. Er kommentiert diese Weisungen nicht, aber er bestätigt sie auch nicht ausdrücklich, er handelt einfach entsprechend.

»Sich zeigen« – das kommt in diesem Abschnitt dreimal vor: Einmal als Weisung des Herrn (V 1), dann als ausdrückliches Handeln Elijas (V 2) und dann nochmal als ausdrückliches »Vorhaben« des Propheten (V 15). Könnte es sein, dass dies eine Bedeutung hat? Dass Elija es wichtiger, spannender, herausfordernder findet, sich »zu zeigen« als »sich zu verbergen« und »zu bleiben«?

Der Lauf der weiteren Geschichte wird es »zeigen« …

20
Die Begegnung

Da ging Obadja Ahab entgegen, meldete es ihm und Ahab ging Elija entgegen. Als Ahab Elija erblickte, sagte Ahab zu ihm: Bist du nun da, du Verderber Israels? Er aber erwiderte ihm: Nicht ich habe Israel ins Verderben gebracht, sondern du und das Haus deines Vaters, weil ihr den Herrn verlassen habt und weil du den Baalen nachgelaufen bist. Nun aber sende hin und lass ganz Israel bei mir auf dem Berg Karmel zusammenkommen, ebenso die vierhundertfünfzig Propheten Baals, die von Isebels Tisch essen! Da sandte Ahab zu allen Israeliten umher und ließ die Propheten auf dem Berg Karmel zusammenkommen.
1 Könige 18,16-20

Obadja beugt sich der Autorität Elijas und führt den Auftrag aus, dem König zu melden, dass Elija wieder da ist Die Tatsache, dass Ahab daraufhin Elija entgegengeht, könnte zugleich heißen, das Elija geblieben ist und auf Ahab gewartet hat. Der König kommt zu dem Propheten JHWH – Elija geht nicht selbst zum König, sondern er lässt ihm die Nachricht nur ausrichten. Das ist mal wieder so ein Moment, in dem man etwas von dem Selbstbewusstsein Elijas ahnt. Er versteht sich als Diener der höchsten Instanz, nämlich JHWHs – und dem muss sich nach seinem Verständnis auch Ahab unterordnen. Und dann ein erster Schlagabtausch zwischen den beiden Kontrahenten. Für Ahab ist natürlich Elija an der ganzen Katastrophe schuld, schließlich war er es, der die Dürre prophezeit hatte! Aber Elija gibt es ihm postwendend zurück und wirft ihm vor, dass er und das Haus seiner Väter JHWH verlassen haben und den Baalen nachgelaufen sind: Das hat Israel ins Verderben gebracht.

Nein, wir wissen nicht, ob Elija so leidenschaftlich geredet hat, dass Ahab keine Chance hatte, irgendetwas zu entgegnen oder ob dem König schlicht und ergreifend zu diesem Vorwurf nichts einfiel, weil er ja doch irgendwie seine Richtigkeit hatte.

Und zugegeben, es ist nicht das überzeugendste Bild, das Ahab hier abgibt ... und wenn man die verschiedenen Mosaiksteine der Elija-Geschichte sich so anschaut, dann kann man durchaus zu dem Eindruck kommen, dass in dieser Ehe eigentlich Isebel das Sagen hat. Sie hat die Propheten JHWHs umbringen lassen, sie wird Elija die verhängnisvolle Botschaft überbringen lassen, von der wir noch hören werden, sie heckt den teuflischen Plan aus, wie Ahab in den Besitz des Weinbergs von Nabot kommt und führt ihn auch noch aus, ohne irgendwelche Skrupel, Nabot dabei dem Tod zu überliefern (1 Könige 21) – und sie findet schließlich ein schreckliches Ende gemäß der Prophezeiung von Elija: Die Hunde werden Isebel an der Mauer von Jesreel fressen (1 Könige 21,23; 2 Könige 9,30-37). Und so mag vielleicht auch ein leicht süffisanter Unterton in Elijas Stimme zu hören sein, wenn er von den Baal-Propheten spricht, die von Isebels Tisch essen.

Ahab scheint Wachs in den Händen seiner Frau zu sein – und es kann durchaus sein, dass Elija in dem Moment erkennt, dass es gar keinen Sinn hat, sich Ahab einfach nur »zu zeigen«. Ahab entscheidet nicht, er führt nur aus, was seine Frau ihm sagt. Und von Umkehr ist zu diesem Zeitpunkt auch nicht viel zu erkennen.

Deshalb sagt ihm Elija jetzt kurzerhand, was er zu tun hat: »Nun aber sende hin und lass ganz Israel bei mir auf dem Berg Karmel zusammenkommen, ebenso die vierhundertfünfzig Propheten Baals, die von Isebels Tisch essen!«

Und Ahab tut, was Elija ihm sagt: »Da sandte Ahab zu allen Israeliten umher und ließ die Propheten auf dem Berg Karmel zusammenkommen.«

Was aber um alles in der Welt hat Elija jetzt vor?

Das Volk schweigt

Elija aber trat vor das gesamte Volk hin und sprach: Wie lange
wollt ihr zwischen zwei Seiten schwanken? Ist der Herr der wahre
Gott, so folgt ihm nach; ist es aber Baal, so folgt ihm nach! Das
Volk aber erwiderte ihm kein Wort. Da sprach Elija zum Volk: Ich
bin als einziger Prophet des Herrn übriggeblieben, die Prophe-
ten Baals dagegen sind vierhundertfünfzig. So gebe man uns zwei
Stiere! Sie mögen sich den einen Stier auswählen, ihn zerstückeln
und auf die Holzscheite legen, aber kein Feuer anzünden, ich will
dann den anderen Stier zurechtmachen, aber kein Feuer anzün-
den. Dann sollt ihr den Namen eueres Gottes anrufen, ich aber
werde den Namen des Herrn anrufen; der GOTT nun, der mit
Feuer antwortet, der soll Gott sein! Da erwiderte das ganze Volk:
So ist es recht!
1 Könige 18,21-24

Das also ist es, was Elija vorhat: ein Gottesurteil! Die Götter
sollen sozusagen die Sache unter sich ausmachen: Der Gott,
der mit Feuer antwortet, der soll Gott sein! Und welch eine
Szene: Da steht Elija, ganz alleine – und ihm gegenüber das
ganze Volk, die 450 Propheten des Baal und der König. Einer
gegen alle – und Elija fordert sie heraus.

Aber in allererster Linie spricht er das Volk, die Menschen
an. Ihm scheint ziemlich klar zu sein, dass es wenig Sinn macht,
die Propheten des Baal zu überzeugen – und dass Ahab dabei

ist, ist zwar nett, aber auch keiner weiteren Konfrontation wert. Elija fordert die Menschen auf, sich zu entscheiden. Wie lange noch wollt ihr zwei Herren dienen?

Sich zu entscheiden, das ist manchmal gar nicht so einfach. Solange ich mich nicht entscheide, halte ich mir alle Möglichkeiten offen. Wenn ich mich aber für Möglichkeit A entscheide, entscheide ich mich damit zugleich gegen Möglichkeit B. Weiß man denn, ob Jhwh oder Baal der »richtige Gott« ist? Und wenn ich den einen wähle – und die Strafe des anderen kommt dann auf mich herab? Wem aber soll man glauben?

Und auch das hat an Aktualität nichts verloren. Die einen versprechen den Menschen dies, die anderen das. Die Prospekte sind bunt – und es ist garantiert ein Sonderangebot! Und dann nimmt man sich eben von allem das, was einem grad passt, und flattert ein bisschen wie ein Schmetterling umher. Und warum sollte man sich denn auch entscheiden, wenn man nicht unbedingt muss? Wenn man sich mit allen Göttern gut stellt, ist man bestimmt auf der richtigen Seite.

Elija fordert die Entscheidung heraus und stellt die Menschen vor die Wahl. Etliche Jahrhunderte später wird Jesus Christus sagen: »Kein Knecht kann zwei Herren dienen; denn entweder wird er den einen hassen und den anderen lieben, oder er wird zu dem einen halten und den anderen verachten. Ihr könnt nicht Gott dienen und dem Mammon« (Lukas 16,13). Wem willst du dienen?

Das Volk aber erwidert Elija kein Wort, es schweigt.

Kein Wunder. Sie haben eine harte Zeit hinter sich … Dürre und Trockenheit, Hunger und Not. Jetzt hat ihr König sie hier auf den Berg Karmel beordert, und sie wissen nicht einmal warum und wozu. Und dann kommt da noch dieser

Prophet und provoziert sie mit so einer Frage? Was soll man denn da auch schon antworten? Und wieso überhaupt eine solche Entscheidung treffen?

Das Volk schweigt.

Und dann macht Elija seinen Vorschlag. Und den findet das Volk gut.

Klar – ihnen wird etwas geboten, sie können Zuschauer sein, müssen sich nicht entscheiden. Man erlebt vielleicht etwas Aufregendes oder Spannendes und kann anschließend sagen: »Ich war dabei!« Brot und Spiele, das war immer schon ein bewährtes Mittel, die Menschen bei Laune zu halten – und wenn es schon kein Brot mehr gibt, dann sind die »Spiele« mehr als willkommen. Man kann sich unterhalten lassen und muss, zumindest im Moment, keine Stellung und Position beziehen. Und das ist auch heute noch so. Man kann sich in der virtuellen Welt verlieren, sammelt »Freunde« in einem sozialen Netzwerk wie früher Rabattmarken, lebt sein Leben stellvertretend am Computerbildschirm aus – und muss sich nur entscheiden, ob man den Joystick eher nach links oder nach rechts zieht, um die entsprechenden Punkte zu sammeln, damit man auf die nächste Ebene kommt. Was draußen in der Welt vor sich geht, stört nur. Zur Wahl gehen? Die machen ja doch, was sie wollen. Nachrichten? Wen interessiert das? Sich engagieren? Wozu denn? Ich habe doch grad genug mit mir selbst zu tun. Sich mit der Frage nach Gott beschäftigen? Oder gar dem Sinn meines Lebens? Da dreh ich lieber das Radio etwas lauter – und freu mich am neuen Flachbildschirm, auf Raten gekauft.

Als die Nazis die Kommunisten holten,
habe ich geschwiegen,
ich war ja kein Kommunist.

Als sie die Sozialdemokraten einsperrten,
habe ich geschwiegen,
ich war ja kein Sozialdemokrat.

Als sie die Gewerkschafter holten,
habe ich geschwiegen,
ich war ja kein Gewerkschafter.

Als sie mich holten,
gab es keinen mehr,
der protestieren konnte.

Pfarrer Martin Niemöller

Übrigens: Darf ich Sie grad noch auf zwei Dinge hinweisen?

»Ich bin als einziger Prophet des Herrn übrig geblieben«, so sagt es Elija hier in aller Leidenschaftlichkeit. Aber: Wie war das noch mit Obadja und den 100 Propheten Jhwhs, die er versteckt hatte?

Und: Sie erinnern sich noch an die Weisung des Herrn »Geh und zeig dich dem Ahab«? Aber: Im Moment sind wir mitten drin in einem »Mega-Event« …

Behalten Sie diese beiden Beobachtungen einfach mal im Hinterkopf …

22

... und ein Stier will nicht

*Dann sprach Elija zu den Propheten des Baal: Wählt euch einen
Stier aus, und dann richtet ihr ihn als Erste her, denn ihr seid
viele. Dann ruft den Namen eures GOTTES an, das Feuer aber sollt
ihr nicht entzünden. Und sie nahmen den Stier, den er ihnen gegeben hatte und richteten ihn her und vom Morgen bis zum Mittag
riefen sie den Namen Baals an und sprachen: Baal, antworte uns!
Aber nichts war zu hören, niemand gab Antwort. Und sie hinkten
um den Altar, den man gemacht hatte.*
1 Könige 18,25-26 (Übersetzung der Zürcher Bibel)

Ja, wir sind mitten in der Beschreibung, wie das Opfer und das
Gottesurteil vorbereitet werden, eigentlich gar kein Grund, an
dieser Stelle innezuhalten. Oder ist Ihnen beim Lesen eventuell doch etwas aufgefallen? Elija sagt zu den Propheten des
Baal: »Wählt euch einen Stier aus!« – und im übernächsten
Satz heißt es: »Und sie nahmen den Stier, den er ihnen gegeben
hatte.« Ja, was denn nun? Haben sie ihn sich ausgewählt – oder
hat Elija ihnen den Stier gegeben?

Manchmal gibt es in den biblischen Texten solche Ungereimtheiten. Und je nach Übersetzung versucht man entweder, diese Ungereimtheiten behutsam zu beseitigen – oder
man lässt sie eben so stehen. Die Herder-Übersetzung, die als
Text diesem Buch zugrunde liegt, glättet an der Stelle ein
wenig, da heißt es einfach: »und sie nahmen den Stier«. Die

Einheitsübersetzung sagt: »Sie nahmen den Stier, den er ihnen überließ« – da wird es schon ein wenig pointierter. Und die Zürcher Übersetzung spricht sogar von dem Stier, den Elija »ihnen gegeben« hat.

Die jüdische Schriftauslegung nimmt den geschriebenen Text sehr ernst und versucht, diesen scheinbaren Ungereimtheiten eine Bedeutung zu geben, sie sozusagen zu erklären. Und so gibt es auch genau zu dieser Stelle einen wunderschönen Midrasch, also eine Auslegung des Textes. »Midrasch« kommt von dem hebräischen Verb »darasch«, das »suchen, fragen« bedeutet. Ein Midrasch sucht und fragt danach, wie eine Textstelle zu verstehen ist. Und dieser Midrasch ist einfach so schön, dass er an dieser Stelle nicht fehlen darf.

Um wirklich fair zu sein, schlug Elias den Propheten des Baal vor, Zwillingsochsen auszuwählen und es dem Schicksal zu überlassen, welcher Gott und welcher Baal geopfert werden sollte. Der erste leistete keinen Widerstand und folgte Elias wie einem Freund. Der zweite weigerte sich stur, seine Rolle zu spielen. Er wollte nicht nur den falschen Propheten nicht folgen, sondern blieb auch wie angewurzelt an Ort und Stelle – und keine Macht der Welt konnte ihn dazu bringen, sich zu bewegen. Alle Priester und Propheten versuchten es, ihre Helfer versuchten es, alle ohne Erfolg. Die Szene wäre schon so komisch genug, aber der Ochse hatte darüber hinaus das Bedürfnis, sein Verhalten dem Elias zu erklären: »Hör zu«, sagte er, »wir sind Zwillinge, von der gleichen Mutter geboren; zusammen aufgewachsen, gemeinsam gefüttert, haben auf den gleichen Feldern gegrast, im gleichen Schatten geruht, also sage mir: Warum werde ich benachteiligt? Warum wird mein Bruder dem ewigen Gott geopfert und ich einem albernen Götzen? Warum soll mein Bruder den lebendigen Gott heiligen und ich ihn erzürnen? Sag mir, ist das fair oder gerecht?« Elias verstand ihn: der Ochse hatte recht – aber trotzdem musste die Schau weitergehen! Also versuchte er, den armen Ochsen zu trösten: »Sei nicht traurig«, sagte er ihm, »auch du wirst Gottes Namen heiligen – du, indem du Baal geopfert wirst, und dein Bruder, indem er Gott geopfert wird; ihr habt beide in Seinem Dienst und um Seinetwillen gelebt und werdet für ihn sterben.« Der Ochse war aber noch nicht überzeugt. »Ich verstehe dich«, erwiderte er, »aber ich gehe nicht freiwillig zu Baal! Wenn ich gehen muss, dann zwinge mich! Du sollst mich ihnen übergeben!« Und Elias hatte keine andere Wahl.*

Elie Wiesel

Also gut – damit hätten wir das jetzt auch geklärt, wie es dazu kam, dass die Baalspriester sich zwar einen Stier aussuchen konnten, der ihnen dann aber trotzdem von Elija übergeben wurde.

* »Elias« ist die griechische Form des Prophetennamens. Bibelübersetzungen heute schreiben »Elija« in Anlehnung an den Klang der hebräischen Aussprache »Elijahu«.

23
Beim Suchen helfen

Darauf sagte Elija zu den Propheten Baals: Wählt euch den einen Stier aus und macht ihn zuerst zurecht! Ihr seid ja in der Mehrheit. Ruft dann den Namen eueres Gottes an, aber Feuer dürft ihr nicht anmachen! Und sie nahmen den Stier, richteten ihn zu und riefen den Namen Baals an vom Morgen bis zum Mittag mit den Worten: Baal, erhöre uns! Aber kein Laut kam und niemand gab Antwort. Dabei hüpften sie um den Altar herum, den sie errichtet hatten. Als es Mittag geworden war, verspottete Elija sie und sagte: Ruft doch recht laut, er ist ja ein Gott! Vielleicht ist er in Gedanken vertieft oder beiseite gegangen oder verreist; vielleicht schläft er gerade und muss erst aufwachen. Da riefen sie mit starker Stimme und ritzten sich nach ihrem Brauch mit Schwertern und Lanzen, bis das Blut floss. Als der Mittag schon vorüber war, da kam es so weit, dass sie zu rasen begannen bis zu der Zeit, da man das Speiseopfer darbringt. Aber es war kein Laut, keine Antwort, keine Erhörung zu vernehmen.
1 Könige 18,25-29

Spott, verspotten – »das bewusste Lächerlichmachen eines Menschen, einer Gruppe oder deren echter oder vermeintlicher Werte«, so sagt es Wikipedia. Und genau das macht Elija jetzt: die Propheten Baals verspotten. Dass ihr Rufen und Schreien von ihrem Gott nicht erhört wird, verführt Elija dazu, ihnen die verschiedensten Erklärungen vorzuschlagen, warum das denn so sein könnte. Aber in der Art und Weise, wie er das tut, zeigt er zugleich, dass er sie und ihren Gott nicht ernst nimmt: ein Gott, der in Gedanken vertieft oder gar verreist ist? Ein Gott, der gerade auf Toilette ist – doch, genau das bedeutet der Ausdruck, der so schön mit »beiseite gegangen« übersetzt ist. Elija muss sich seiner Sache und seines Gottes schon sehr sicher sein, dass er so vorprescht. Woher nimmt er eigentlich diese Sicherheit?

Oder war er sich vielleicht doch nicht so sicher? Immerhin, er wartet bis zum Mittag und kommentiert erst dann die erfolglosen Bemühungen der Propheten Baals. Oder wollte er nur den richtigen Zeitpunkt abpassen, das Ganze noch ein bisschen mehr inszenieren? Sein Konzept scheint jedenfalls aufzugehen: Auf seinen Spott reagieren die Baal-Propheten mit noch größeren Anstrengungen bis hin zur Raserei. Immerhin auch eine Art, den Gegner außer Gefecht zu setzen: ihn so rasend zu machen, dass er nicht mehr überlegt handeln kann, auch wenn es, zugegeben, nicht grad die feinste Art ist.

Spannend ist es, wie unterschiedlich Elija mit den verschiedenen Beteiligten umgeht: Dem König gibt er die Anweisung, was zu tun ist – und ignoriert ihn anschließend. Die Propheten des Baal lässt er sich austoben, macht sie lächerlich – und bringt sie zur Raserei. Mit dem Volk, den Menschen, geht er ganz anders um – er spricht sie an und stellt sie vor die entscheidende Frage: Wem wollt ihr dienen? Ihnen sagt er, was er jetzt vorhat. Er macht sie nicht lächerlich, und er ignoriert sie nicht. Fast scheint es, als ob er irgendwie um sie wirbt, wenn auch eben in seiner »Elija-Art«. Er beteiligt sie, er nimmt sie mit hinein in das Geschehen.

Und sie, die sicher nicht die geringste Idee hatten, was sie hier auf dem Karmel eigentlich sollen, die in den vergangenen Monaten während der Dürre genug mit dem eigenen Überleben beschäftigt waren, die vom König ignoriert werden und von den Baal-Propheten nicht gefragt sind, erleben nun diesen Propheten Jhwh, ihn, allein gegen alle – und er zieht sie mit hinein in das Geschehen. Er nimmt sie ernst, er fragt sie, er stellt sie vor eine Entscheidung.

Könnte es sein, dass uns Elija mitten in diesen Opfervorbereitungen eine Lebenslektion mitgeben will?

Entlarve diejenigen, die falschen Göttern nachjagen, indem du ihre Götter entlarvst. Nimm diejenigen nicht so wichtig, die meinen wichtig zu sein, dabei aber doch nur ein Spielball anderer Interessen sind. Aber hab diejenigen im Blick, die im Wirrwarr ihres Alltags die Orientierung verloren haben, die falschen Propheten nachgelaufen sind, weil ihre Versprechungen sich so schön anhörten, die jemandem vertraut haben, weil er ein Amt, eine Aufgabe, eine Rolle hat. Stell ihnen die Fragen, die ihnen niemand stellt. Hilf ihnen beim Suchen, indem du sie fragst. Gib Zeugnis von dem, was du glaubst.

Okay – wie man das konkret macht, darüber kann man ja dann durchaus nochmal nachdenken. Man muss ja vielleicht nicht gleich so ein Mega-Event inszenieren, wie Elija es getan hat.

24
Raue Zartheit

Da sprach Elija zum gesamten Volk: Tretet her zu mir! Das
gesamte Volk trat zu ihm hin. Darauf stellte er den Altar des
Herrn, der zerstört war, wieder her. Und zwar nahm Elija zwölf
Steine, nach der Zahl der zwölf Stämme der Söhne Jakobs, an
den das Wort des Herrn ergangen war: Israel soll dein Name sein,
und baute aus den Steinen einen Altar im Namen des Herrn und
machte rings um den Altar einen Graben so groß wie ein Raum-
für zwei Sea Saatkorn. Dann schichtete er die Holzscheite auf,
zerteilte den Stier, legte ihn auf die Holzscheite und sagte: Füllt
vier Krüge mit Wasser und gießt es über das Brandopfer und über
die Holzscheite aus. Sie taten es. Darauf sagte er: Wiederholt es!
Und sie wiederholten es. Dann sagte er: Tut es zum dritten Mal!
Sie taten es zum dritten Mal, sodass das Wasser rings um den
Altar floss; auch den Graben ließ er mit Wasser füllen. Als nun
die Zeit für das Speiseopfer gekommen war, trat der Prophet Elija
heran und rief Herr, Gott Abrahams, Isaaks und Israels, heute
lass es kundwerden, dass du Gott bist in Israel und ich dein Knecht
und dass ich dies alles auf dein Wort hin getan habe. Erhöre mich,
Herr, erhöre mich und lass dieses Volk erkennen, dass du der Herr,
der Gott, bist und dass du ihr Herz zur Umkehr bringst. Da fiel
das Feuer des Herrn herunter und verzehrte das Brandopfer und
die Holzscheite, sogar das Wasser im Graben leckte es auf. Als das
ganze Volk das sah, fiel es auf sein Angesicht und sprach: Der Herr
ist Gott, der Herr ist Gott!
1 Könige 18,30-39

Sieg auf der ganzen Linie! JHWH, der Gott Israels hat sein Feuer herabfallen lassen und das Opfer entzündet – und das Volk Israel glaubt und bezeugt, dass JHWH der Herr ist und nicht Baal! Es hat seine Entscheidung getroffen – zumindest mal für diesen so eindrucksvollen Moment! Übrigens: Eine Reaktion der Baal-Propheten und des Königs wird uns nicht überliefert …

Elija lädt das Volk ausdrücklich ein, näher zu kommen, dabei zu sein, das Ganze von Nahem zu betrachten. Und das Volk kommt näher, es tritt heran. Kein Wunder – der Vormittag scheint ja wohl langweilig genug gewesen zu sein: rufende, ja schreiende Priester, die um einen Altar herumhüpfen, mit den Armen fuchteln, beschwörende Formeln murmeln … aber passieren tut eigentlich nichts. Na ja, könnte man jetzt sagen, das haben Baalspriester eben manchmal so an sich. Und das gilt damals wie heute: Viel Fassade – und nichts dahinter! Bunte Farben, laute Töne, Geschrei – doch es hält nicht, was es verspricht. Dahinter ist es grau und leer – es passiert nichts, was wirklich wichtig ist.

Was bleibt, ist die Sehnsucht der Menschen, die Sehnsucht nach Sinn, nach Zuwendung, nach Angenommen-Sein, nach Liebe. Die Sehnsucht danach, dass jemand sie wahrnimmt und anschaut. Dass sie jemandem wichtig sind …

Der König hat sie einbestellt, die Baals-Priester haben irgendwas vorgeführt – Elija lädt sie ein, dabei zu sein, näherzutreten. Er schreibt ihnen nicht vor, was sie zu glauben haben, er sagt ihnen nicht, was sie zu tun und zu lassen haben. Er sagt einfach: Kommt näher! Schaut es euch an! Und entscheidet euch dann. Er gibt den Menschen die Freiheit – und das ist die Freiheit seines Gottes!

Mag sein, dass Elija deshalb gerade jetzt das Volk an seine Geschichte mit Gott erinnert. Er ist der Gott ihrer Stammväter, Abraham, Isaaks und Jakobs, er ist der Gott, der Israel aus dem Sklavenhaus Ägyptens in die Freiheit hinausgeführt hat. Er ist der Gott, der mit Israel seinen Bund geschlossen hat, den das Volk jetzt verlassen hat. Deshalb erinnert Elija das Volk an diese Beziehung mit ihrem Gott, indem er den zerstörten Altar wieder aufbaut und öffentlich Gott als den Gott Abrahams, Isaaks und Jakobs anruft. Und er betet zu seinem Gott: »Lass dieses Volk erkennen, dass du der Herr, der Gott, bist und dass du ihr Herz zur Umkehr bringst.«

Das ist eine spannende und schöne Formulierung zugleich – das Herz zur Umkehr bringen. Man könnte ja auch »mit dem Kopf« umkehren, sozusagen aus äußerer Berechnung: Da wird mir mehr geboten, der verspricht ein besseres Leben, das überzeugt mich, weil ich mehr davon habe. Elija erbittet von Gott die Umkehr des Volkes mit dem Herzen – auch wenn vielleicht manches dagegen spricht. Der König und die Staatsmacht setzen auf Baal, und es wäre sicher klug, sich mit den Mächtigen zu verbünden, die das Sagen haben. Der Glaube an JHWH wird verfolgt, seine Anhänger müssen sich verstecken – und da soll man sich gerade jetzt zu diesem Gott bekennen? Elija erbittet eine Umkehr aus Liebe, er erbittet, dass Gott das Feuer der Liebe in den Menschen wieder neu entfacht – und dass man sich für diesen Gott entscheidet, allen Kosten-Nutzen-Abwägungen zum Trotz.

In seiner Zuwendung zu den Menschen leuchtet vielleicht etwas von der Zärtlichkeit Elijas auf. Von einer Umkehr des Herzens kann nur der sprechen, dem dies irgendwas bedeutet. Und doch bleibt er irgendwie der »herbe« Prophet, rau, entschieden, klar. Am Karmel zeigt er beide Seiten, auch wenn er möglicherweise die eine nicht so richtig wahrhaben will. Und sein Engagement, seine Leidenschaft, mögen sie vielleicht auch ein wenig verdecken. Auf dem Karmel zeigt Elija sich als der »Macher«, er »zeigt« sich wirklich.

Und man muss es zugeben: Elija macht es sich – und seinem Gott! – nicht leicht! Er zieht seinen Gott in einen Machtkampf hinein, der zwar angesagt ist, aber den Gott so nie »angeordnet« hat. Elija macht aus der göttlichen Weisung »Geh und zeig dich dem Ahab!« sozusagen eine Großveranstaltung auf dem Karmel. Er inszeniert das Schauspiel und dramatisiert es sogar noch: Er verspottet die Propheten des Baal und er macht das eigene Brandopfer noch schwerer, indem er es mit Wasser tränken lässt. Und doch: Er rast und tobt nicht, er ritzt sich nicht und tanzt nicht umher, er ruft einfach Gott an, leidenschaftlich, engagiert, präsent – mit all seiner Kraft! Ob er all das eigentlich mit Gott »abgesprochen« hat – wir wissen es nicht.

Elija, der Prophet, der endlich wieder etwas tun kann und darf, setzt sich ein, engagiert sich. Vielleicht über alle Grenzen hinaus …

Und Gott steht zu seinem Propheten … er erhört sein Gebet …

24 Raue Zartheit

25
Möge mein Leben kostbar sein

Elija aber sagte zu ihnen: Ergreift die Propheten Baals! Keiner von ihnen darf entrinnen! Sie ergriffen sie und Elija ließ sie zum Bach Kischon hinunterschaffen und dort töten.
1 Könige 18,40

Na ja, die Elija-Geschichte ist ja ganz schön, werden jetzt manche von Ihnen denken – aber muss das denn mit dem Umbringen und Töten sein?

Die Frage ist berechtigt. Und deshalb will ich sie auch sehr ernst nehmen und eine Antwort probieren.

Erstmal: Die Geschichte ist gut 2800 Jahre alt. Glauben Sie wirklich, dass unsere Vorfahren vor fast dreitausend Jahren hier in Mitteleuropa irgendwelche Feinde mit Kaffee und Kuchen oder mit Met und Dinkelbrot bewirteten und freundliche Friedensgespräche führten? Damals galt eben das Recht des Stärkeren – und ein toter Feind war immerhin einer, der einem nicht mehr schaden konnte. Warum sollte es zu der Zeit im Nahen Osten anders gewesen sein? Gesellschaften waren eben zu der Zeit in ihrer sozialen Entwicklung noch nicht so weit fortgeschritten, dass das Leben von Menschen entsprechend hoch geachtet wurde – und manche sind es bis heute noch nicht. Und nicht zu vergessen: Isebel hatte ja auch die Propheten Jhwh umbringen lassen.

Übrigens, es gibt auch eine psychologische Erklärung. Sogar die Grimmschen Märchen waren schon mal in den Verdacht geraten, gewaltverherrlichend zu sein. Vielleicht erinnern sich manche von Ihnen noch an entsprechende Zeitungsberichte aus den 1970er Jahren, als man aus solchen Überlegungen heraus die Märchen »entschärfte« und die Hexe eben nicht im Ofen verbrannte. Und dann musste man feststellen, dass die Kinder mit dieser Fassung nicht unbedingt glücklicher wurden ... denn wenn die Hexe nicht tot ist, dann lebt sie ja immer noch und dann kann einem das Gleiche passieren wie Hänsel und Gretel. Wir Menschen fühlen uns sicherer, wenn wir wissen, dass die Personen, die uns schaden können, tot sind oder hinter Schloss und Riegel. Und nichts anderes spiegeln auch heute noch die Diskussionen um Sicherungsverwahrung und Todesstrafe wider. Sind wir wirklich so sehr viel weiter als die Menschen damals?

Ja, die Atmosphäre damals in Israel war sehr gespannt und von Stimmungen aufgeladen – und ist es ja auch heute noch. Das ist wohl immer so, wenn verschiedene Volksgruppierungen aufeinander treffen, und damit unterschiedliche soziale, kulturelle und auch religiöse Werte – und wenn es dazu noch um Macht und Besitz geht. Und manchmal muss dann das Etikett der Religionen für etwas ganz anderes herhalten – und noch immer werden Menschen im Namen eines Gottes umgebracht.

Aber lassen Sie uns einen Blick in eine andere Geschichte aus dem Elija-Zyklus werfen, die wir an der Stelle nicht ausführlich behandeln können, aber die vielleicht doch einen weiterführenden Akzent aufzeigen kann:

Hierauf sandte Ahasja einen Hauptmann mit fünfzig Mann zu Elija. Dieser kam zu ihm herauf als er eben auf dem Gipfel eines Berges saß, und sagte zu ihm: Mann Gottes, der König befiehlt: Komm herunter! Elija aber antwortete dem Hauptmann über die fünfzig Mann: Gut, wenn ich ein Mann Gottes bin, so falle Feuer vom Himmel und verzehre dich samt deinen Fünfzig! Da fiel Feuer vom Himmel und verzehrte ihn samt seinen Fünfzig. Darauf sandte der König einen anderen Hauptmann mit fünfzig Mann zu ihm. Der kam herauf und sagte zu Elija: Mann Gottes, so befiehlt der König: Komm sofort herunter! Elija aber erwiderte und sagte zu ihm: Wenn ich ein Mann Gottes bin, so falle Feuer vom Himmel und verzehre dich samt deinen Fünfzig! Da fiel Feuer Gottes vom Himmel und verzehrte ihn samt seinen Fünfzig. Darauf sandte der König noch einen dritten Hauptmann mit fünfzig Mann. Als aber der dritte Hauptmann mit seinen fünfzig Mann hinaufgestiegen war, fiel er vor Elija auf seine Knie, flehte ihn an und sprach: Mann Gottes, lass doch mein Leben und das Leben dieser deiner fünfzig Knechte hier etwas gelten in deinen Augen! Es ist ja Feuer vom Himmel gefallen und hat die beiden ersten Hauptleute mit ihren fünfzig Mann verzehrt; nun lass doch mein Leben etwas gelten in deinen Augen! Da sprach der Engel des Herrn zu Elija: Steig mit ihm hinunter, fürchte dich nicht vor ihm! Er stand also auf stieg mit ihm hinunter zum König und sagte zu ihm: So spricht der Herr: Weil du Boten ausgesandt hast, um Beelzebul, den Gott von Ekron, zu befragen, darum wirst du von dem Lager, auf das du dich gelegt hast, nicht mehr aufstehen, sondern bestimmt sterben.

2 Könige 1, 9-16

Nur zur Erklärung: Ahasja ist der Sohn Ahabs – und genau wie sein Vater dem Glauben an Baal ergeben. Er will Elija zu sich zwingen – aber das ist ja eigentlich schon klar: Zwingen lässt der sich nicht!

Die ersten beiden Hauptleute geben an Elija einfach den Befehl des Königs weiter – und müssen das mitsamt ihren jeweils fünfzig Soldaten mit dem Leben bezahlen. Der »dritte« Hauptmann wählt einen anderen Weg: Lass doch mein Leben etwas gelten in deinen Augen, auch wenn ich vielleicht dein Feind bin! Und der Engel des Herrn macht Elija Mut, es zuzulassen und eben nicht das Feuer des Herrn auf die fünfzig und ihren Hauptmann herabzurufen. Fürchte dich nicht!, sagt der Engel ausdrücklich zu Elija: Vielleicht war es wirklich die Angst, die den Propheten so sehr in die Enge getrieben hat? Vielleicht ist es einfach Angst, wenn heute Menschen Gewalt als einzige Möglichkeit zur Lösung von Konflikten sehen?

»Möchte mein Leben in deinen Augen kostbar sein« – und Elija verschont ihn. Das ist ein neuer Akzent, immerhin. Es wird aber noch 800 Jahre dauern, bis Jesus Christus sagen wird: »Liebt eure Feinde und betet für die, die euch verfolgen« (Matthäus 5,44). Und zweitausend Jahre später sind wir immer noch ziemlich weit von der Erfüllung dieser Forderung entfernt – aber immerhin, sie ist gestellt, und wir können nicht mehr dahinter zurück.

Man kann das Lied der Freiheit nicht auf dem Instrument der Gewalt spielen.
Stanislaw Jercy Lec

26
Im Geheimnis wohnen

Dann sprach Elija zu Ahab: Geh hinauf, iss und trink! Denn ich
höre das Rauschen des Regens. Da ging Ahab hinauf um zu essen
und zu trinken, Elija aber stieg zum Gipfel des Karmel hinauf
beugte sich auf die Erde nieder und hielt sein Gesicht zwischen
seine Knie. Darauf sagte er zu seinem Diener: Geh einmal hinauf
und schau auf das Meer hinaus! Er ging hinauf hielt Ausschau und
meldete: Es ist nichts da! Er sagte: Geh wieder hin! So geschah es
siebenmal. Beim siebten Mal aber meldete er: Schau, eine Wolke,
so klein wie eine Menschenhand, steigt im Westen auf? Da sagte
Elija: Geh hin und sag zu Ahab: Lass anspannen und fahr hinun-
ter, sonst hält dich der Regen zurück! Nach einer Weile wurde der
Himmel schwarz von Gewitterwolken und es fiel ein starker Platz-
regen. Ahab aber bestieg den Wagen und fuhr nach Jesreel. Die
Hand des Herrn aber kam über Elija; er gürtete sich und lief vor
Ahab her bis dorthin, wo es nach Jesreel geht.
1 Könige 18,41-46

Ich glaube, der Impuls kann ziemlich kurz werden ... denn der
Text ist so geheimnisvoll und voller Bilder, die wir nicht mehr
verstehen, dass auch alle Fachleute hier resignieren. Wohin
soll Ahab bitteschön »hinaufgehen«? Und warum essen und
trinken? Weil die Dürre ein Ende hat? Was bedeutet die Haltung des Elija, sich auf die Erde niederzubeugen und sein
Gesicht zwischen die Knie zu halten? Irgendeine Gebetshal-

tung? Und was bedeutet dieser Auftrag an den Diener (von dem wir ja bisher noch nicht einmal wussten!)? Und hat es irgendwie eine Bedeutung, dass Elija vor dem Wagen des Ahab herläuft?

Vielleicht bleiben nur zwei Dinge zu sagen. Zum einen: Der dringend erhoffte und notwendige Regen fällt endlich! Die Initiative dazu ging von Gott aus – er sagte zu Elija: Geh und zeig dich dem Ahab, denn ich will Regen senden! Ihn erbarmt sein Volk in seiner Not – und so lässt er sich erweichen, obwohl zu diesem Zeitpunkt noch nichts von einer Umkehr zu erkennen ist, weder vom Volk noch vom König. Gott ist streng und barmherzig zugleich – aber seine Barmherzigkeit ist immer noch ein wenig größer als seine Strenge. Und so dürfen wir uns auch in seine Barmherzigkeit hineingeben!

Die zweite Frage ist: Wie gehen wir mit Geheimnissen um, mit Dingen, die wir nicht verstehen? Ist diese Passage der Elija-Geschichte Grund und Anlass, der Geschichte insgesamt Adieu zu sagen? Nur weil wir sie nicht verstehen?

Glauben hat auch immer etwas mit Geheimnis zu tun. Wir werden nie alles verstehen – deswegen heißt es ja auch »glauben« und nicht »wissen«. *Piet van Breemen*, ein Jesuit, sagt: Probleme gilt es zu lösen, soweit das möglich ist. Geheimnisse soll man nicht auflösen wollen, denn dann ginge etwas Kostbares verloren. Geheimnisse braucht man, um darin zu wohnen. Ja, es ist und bleibt auch etwas Geheimnisvolles um diesen Propheten, das sich unserem Denken entzieht.

Es nimmt dieser Geschichte nichts, aber auch gar nichts, im Gegenteil.

Das Geheimnis macht sie eher wertvoller …

27
Eine Kleinigkeit zu viel

Ahab erzählte Isebel alles, was Elija getan, wie er alle Propheten mit dem Schwert hatte umbringen lassen. Da sandte Isebel einen Boten zu Elija und ließ ihm sagen: Die Götter sollen mir dies und jenes antun, wenn ich nicht morgen um diese Zeit dein Leben dem Leben eines jeden von ihnen gleichgemacht habe. Da geriet er in Angst, machte sich auf und ging davon, um sein Leben zu retten.
1 Könige 19,1-3a

Welch ein Kontrast! Eben noch der beeindruckende Sieg von Elija am Karmel, er allein gegen das Volk, die Baal-Propheten, den König – und das Feuer Jhwh, das vom Himmel herunterfällt. Dann diese geheimnisvolle Szene, Elija, den Kopf zwischen seinen Knien, vielleicht betend, und schließlich die kleine Wolke am Horizont. Elija, der vor dem Wagen Ahabs herläuft – und der Regen, der endlich erlösende Regen! Elija könnte sich jetzt eigentlich selbstbewusst und stolz im Glanz seines Erfolgs sonnen!

Da lässt Isebel ihm per Boten ausrichten, dass er umgebracht werden soll. Sie verbindet es mit einer Schwurformel – und wahrscheinlich ist es ihr auch ziemlich ernst. Aber war das nicht von dieser Frau zu erwarten? Sie, die nicht mal auf dem Karmel dabei war – und deren persönliche Eitelkeit wohl dadurch gekränkt ist, dass Elija es gewagt hat, ihre Baal-Propheten hinzurichten.

Elija aber fällt regelrecht in sich zusammen und flieht Hals über Kopf. Was ist denn aus unserem Propheten geworden? Er, der gerade eben noch die Sache auf dem Karmel mit allem Selbstbewusstsein durchgefochten hat, lässt sich jetzt von der Drohung einer Frau ins Bockshorn jagen. Ist denn Gott nicht auf seiner Seite? Könnte er jetzt nicht einfach weiterhin als Prophet auftreten, das Volk endgültig zu Jhwh bekehren, dem Königshaus den Krieg ansagen?

Eigentlich ist da etwas Ur-Menschliches passiert, was wahrscheinlich die meisten von uns kennen. Man hat sich eingesetzt, vielleicht über alle Grenzen des Möglichen, der eigenen Kräfte hinaus. Man hat sich hergegeben, weil einem die Sache oder ein Mensch oder in dem Fall Gott so wichtig waren.

Welche Kraft mag es Elija auf dem Karmel gekostet haben, so hinzustehen? Er hat alles gegeben, er hat Ahab gesagt, was er tun soll, die Baal-Propheten verspottet, das Volk und die Menschen zärtlich umworben. Und wenn man dem Midrasch zu den beiden Ochsen glauben kann, dann musste er auch noch den Ochsen überzeugen.

Es war viel, sehr viel – und es hat nichts genutzt. Isebel, die heimliche Drahtzieherin in diesem Königreich, ist weder beeindruckt noch überzeugt. Sie ist so wenig beeindruckt, dass sie Elija sogar den Tod androhen kann. War alles umsonst? Ist alles Engagement ins Leere gelaufen? Wozu dann alles? Für Elija mag diese Botschaft Isebels die Rückmeldung gewesen sein, dass er mit seinen Plänen und Ideen gescheitert ist. Und dann hilft keine Erinnerung mehr an die großartigen Taten auf dem Karmel, an die Ermutigung der Witwe in Sarepta, an die Verbundenheit mit Gott am Bach Kerit.

Ich kenne diese Situation gut: sich hingeben, bei Menschen sein, sie zu begeistern versuchen, alles geben, sich selbst hingeben. Und dann scheitern: Der Funke springt nicht über, jemand ist nicht überzeugt. Ich sehe, wie jemand in sein Unglück hineinläuft und kann nichts tun. Ich fühle mich nicht verstanden – und habe doch alles gegeben.

Und dann reicht manchmal eine Kleinigkeit, dass alles in mir »kippt«. Das kann der Strafzettel über fünf Euro für falsches Parken sein, einer, der sich an der Kasse vordrängelt, eine nicht funktionierende Internet-Verbindung – oder einfach nur eine blöde Bemerkung. Der berühmte Tropfen, der das Fass zum Überlaufen bringt.

Und dann raste ich entweder aus oder ziehe mich zurück. Es war einfach zu viel – und genau diese Kleinigkeit ist die Kleinigkeit zu viel.

Normalerweise würde ich das alles gut wegstecken, den Strafzettel, das Vordrängeln, die blöde Bemerkung ... und hätte wahrscheinlich irgendeinen coolen Spruch auf den Lippen. Aber wenn die Nerven eh schon blank liegen, wenn keine Kraft mehr da ist, wenn ich keine Perspektive mehr sehe ... dann ist es wirklich der Tropfen zu viel.

Elija zieht sich zurück. Er flüchtet. Er kann und will nicht mehr. Es ist genug. Es reicht ihm.

Und vielleicht ist das grad schon wieder ein Zeichen von Größe, auch wenn sie scheinbar nach Niederlage aussieht – zu erkennen, wann es Zeit ist, mich aus allem herauszuziehen, mich allen Anforderungen zu entziehen, den fremden, aber auch den eigenen – und mich einfach Gott zu übergeben.

Geh und verbirg dich!

28
Am Ende sein

Als er nach Beerscheba, das zu Juda gehört, kam, ließ er dort sei-
nen Diener zurück. Er selbst aber ging einen Tagesmarsch weit in
die Wüste hinein. Als er so weit gekommen war, ließ er sich unter
einem Ginsterstrauch nieder, wünschte sich den Tod und sprach:
Nun ist es genug, Herr! Nimm meine Seele hin; ich bin ja nicht
besser als meine Väter! Dann legte er sich hin und schlief ein.
1 Könige 1 9,3 b-5a

Elija hat genug. Er will nicht mehr – und er kann nicht mehr.
Seine Kraft hat gerade noch gereicht, vor denen, die ihm nach-
stellen, wegzulaufen – den Triumph will er ihnen nun doch
nicht gönnen, dass sie ihm das Leben nehmen. Er ist müde, so
unsagbar müde. Er will nur noch seine Ruhe – am besten für
immer und ewig.

Einfach weggehen …

Allein sein …

Nichts mehr sehen, nichts mehr hören …

Niemand, der ihn an irgendwas erinnert, niemand, der
etwas von ihm will.

Er zieht sich zurück, zurück von den Menschen, die mit ihm
gegangen sind wie sein Diener, zurück von denen, die etwas
von ihm erwarten wie das Volk, zurück von den Menschen, die
die Auseinandersetzung mit ihm suchen wie Isebel und Ahab.

Er flüchtet sich regelrecht in die Wüste, in seine Wüste

hinein. Und er sucht den Tod: Einer, der sich ohne Essen und Trinken und ohne Begleitung eine Tagesreise in die Wüste hineinbegibt, will wirklich nicht mehr leben. Er ist so müde, dass er nicht mehr aufwachen will ...

Ja, noch sucht er den Schatten des Ginsterstrauches – und den Schatten Gottes, in dem er sich bergen kann. Ein bisschen Schutz, ein wenig Zärtlichkeit ...

Aber es ist ein Schatten, um gut sterben zu können ... Um sich verabschieden zu können ...

Um endlich Ruhe zu haben und zu bekommen ...

Vor lauter Engagement und Leidenschaft hat man sich selbst verloren. Viel Kraft hingegeben – und wenig zurückbekommen. Sich selbst gegeben – und man sieht keinen Erfolg.

Das ist Elija unter seinem Ginsterstrauch. Und das bin manchmal wohl auch ich: Müde, am Ende, mich in die Dunkelheit zurückziehend, mich ins Bett verkriechen, nichts mehr hören und sehen wollen ...

und du glaubst ich bin stark
und ich weiß den weg
aber ich steh nur hier oben
und sing mein Lied
Ich + Ich, »Stark«

**ein abend
wie heute**

ich bin
überhaupt

nicht
stark

ihr seht die
sonnenseiten

und wollt
den schatten

nicht
wahrhaben

ich bin
am ende

und weiß
nicht weiter

28 Am Ende sein

ich kann
nicht mehr

und es
wächst mir

über
den kopf

es ist ein abend
an dem ich

nicht mehr will
und nicht mehr kann

29
Ausgebrannt

Elija aber ging einen Tagesmarsch weit in die Wüste hinein. Als er so weit gekommen war, ließ er sich unter einem Ginsterstrauch nieder, wünschte sich den Tod und sprach: Nun ist es genug, Herr! Nimm meine Seele hin; ich bin ja nicht besser als meine Väter! Dann legte er sich hin und schlief ein.
1 Könige 19,4-5a

Mediziner, Psychologen, Coachs und Supervisoren würden wohl übereinstimmend sagen: Klassischer Fall von »burn-out«, Ausgebrannt-Sein. Elija würde sicher etwas verständnislos schauen, wenn man seinen Zustand so diagnostizieren würde, denn das Wort »burn-out« wurde erst 1974 von dem deutsch-amerikanischen Psychoanalytiker *Herbert J. Freudenberger* »erfunden«. Aber der Zustand, den dieses Wort beschreibt, ist mindestens 2800 Jahre alt – und hatte im Mittelalter den Namen »Eliasmüdigkeit«. Besonders häufig davon betroffen sind Menschen in helfenden Berufen, also Krankenschwestern und -pfleger, Seelsorger, Mitarbeiter der Rettungsdienste und ähnlicher Berufsgruppen. Nach einer Zeit des hohen persönlichen Engagements kommt ein Gefühl der Leere, des »Ausgepowert-Seins«, das auch durch das freie Wochenende, den Urlaub nicht mehr kompensiert werden kann. Man verliert die Lust und die Antriebskraft, kündigt »innerlich«, zieht sich aus Beziehungen zurück.

Elija, der »ausgebrannte Prophet«? Lassen Sie uns mal einige Faktoren, die zu »burn-out« führen können, bei unserem müden Propheten überprüfen:

- Hohes persönliches Engagement – keine Frage! Er allein auf dem Karmel gegen König, Baalspriester, das Volk!
- Scheitern, Misserfolg, mangelnde Anerkennung – ja, das macht Isebels Drohung deutlich. Er mag das Volk für den Moment überzeugt haben, er hat sich der Baal-Propheten »entledigt«, aber Isebel, die im Königshaus das Sagen hat, ist nicht überzeugt worden.

- Zu hohe Erwartungen an sich selbst – darauf deutet der Satz hin, den er vor seinem Schlaf, der auf den Tod hin gerichtet ist, sagt: Ich bin ja nicht besser als meine Väter! Hatte er besser sein wollen, und warum eigentlich? Und warum dieses Riesenschauspiel auf dem Karmel?
- Damit in Verbindung steht eine subjektive oder objektive Überforderung – die anderen wollen mehr, als man geben kann, oder man glaubt zumindest, dass sie es wollen …
- Soziale Isolierung – na ja, zumindest betont Elija dauernd, dass er allein ist. Und er macht auch alles alleine. Dass es da einhundert Propheten JHWHs gibt, die von Obadja versteckt worden sind und überlebt haben, keine Rede davon! Allein zu sein, das heißt aber auch: niemanden zu haben, dem man erzählen kann, so dass man sich entlasten könnte, niemand, der mal die Initiative übernimmt, niemand, der einfach sagt: Du, das hast du gut gemacht!
- Und im spirituellen Bereich kommt dazu:
- den Willen Gottes nicht zu erkennen – und vielleicht aus einem »Geh und zeig dich« dieses Riesenspektakel auf dem Karmel zu machen.

Normalerweise entsteht »burn-out« dabei nicht durch ein einzelnes Ereignis wie aus heiterem Himmel, sondern ist ein schleichender Prozess, der oft Jahre braucht, bis er sich in solchen Symptomen zeigt. Und am Ende eines solchen Weges kann durchaus eine tiefe Depression stehen oder sogar eine Selbstmordgefährdung.

In der Geschichte des Propheten Elija verdichten sich diese Stationen unserer menschlichen Erfahrungen wie in einem Brennglas. Wir bekommen sozusagen in Zeitraffer vorgeführt, was in unserem Leben eine sehr viel längere Zeit brauchen mag. Selbstmordgefährdet im herkömmlichen Sinn ist Elija wohl nicht, er würde nicht selbst Hand an sich legen. Aber seine Müdigkeit ist so groß, dass er sich nach dem Tod sehnt. Und eine Tagesreise weit alleine in die Wüste zu wandern, ohne Vorräte – das kommt einem Selbstmord doch schon gefährlich nahe. Auch dann, wenn Elija das »Ausführen« Gott überlassen will: »Nimm meine Seele hin!«

Und umso spannender ist es, jetzt zu schauen, wie Gott mit seinem »ausgebrannten« Propheten umgehen wird – und wie die Geschichte weitergeht!

Vom Engel berührt

Auf einmal berührte ihn ein Engel und sprach zu ihm: Steh auf,
iss! Als er hinblickte, sah er neben seinem Kopf einen gerösteten
Fladen und einen Krug Wasser. Er aß und trank und legte sich
wieder schlafen. Aber der Engel des Herrn kam zum zweiten Mal,
berührte ihn und sprach: Steh auf, iss! Denn sonst ist der Weg zu
weit für dich!
1 Könige 19,5b-7

Zärtlich, ganz einfach zärtlich geht Gott mit seinem Propheten um. Er schimpft und tadelt ihn nicht, er wirft ihm sein
Überengagement und seine Todessehnsucht nicht vor, er
nimmt ihn einfach liebevoll in seine Arme. Er schüttelt ihn
nicht wach, sondern berührt ihn ganz sanft. Er spricht ihn an
und erinnert ihn an das Leben: Aufstehen und essen und trinken! Er versorgt ihn mit dem, was er im Moment braucht:
berührt werden, angesprochen werden, versorgt werden.

Und: Gott erscheint Elija nicht höchstpersönlich, sondern
er schickt ihm einen Engel, einen Boten, einen Mittler. Er
weiß ziemlich genau, dass jemand, der so sehr am Ende ist wie
Elija, eine neue Weisung, eine Begegnung mit Gott, nicht ver-
kraften und ertragen könnte.

Das ist die Zärtlichkeit Gottes.

Und Elija lässt sich berühren, lässt sich ansprechen, öffnet
seine Augen, isst und trinkt … und schläft wieder ein.

Doch der Engel bleibt »dran« – er kommt zum zweiten Mal, berührt Elija, spricht ihn an, fordert ihn auf – und gibt diesmal ein »Wozu« an: Denn sonst ist der Weg zu weit für dich!

Und all das holt Elija ins Leben zurück! Ich bin jemandem wichtig, einer interessiert sich für mich, er berührt mich, er spricht mich an, er sorgt für mich! Und: Gott hat noch etwas mit mir vor! Gott braucht mich noch für etwas!

Ein Engel ist ein Bote Gottes. Er (oder sie?) ist sozusagen die Kraft und die Liebe Gottes, die im Engel für uns Menschen zumindest halbwegs so »erfahrbar« wird, dass wir die Berührung, das Angesprochen-Werden aushalten. Nicht immer sind wir stark genug, die Begegnung mit Gott direkt auszuhalten. Und dann schickt Gott seine Engel.

Und er rüttelt nicht wach, er schüttelt mich nicht – er berührt mich ganz sanft. Er legt seine Hand auf meine Schulter, er tippt mich mit dem Finger an. Er stupst mich ein wenig und lädt mich ein, die Augen zu öffnen. Er spricht mich an, nimmt Kontakt mit mir auf, er nimmt mich wahr, so wie ich bin.

Essen und trinken – elementare Bedürfnisse von uns Menschen. Wir müssen essen und trinken um zu leben. Und wenn ich manchmal zu schwach bin, um selbst dafür zu sorgen, brauche ich jemanden, der für mich sorgt.

Wahrgenommen werden in meinem Dunkel, meiner Einsamkeit, meiner Verlorenheit. Das bekommen, was ich zum Leben brauche. Und der Heilung entgegenschlafen.

Und den Psychologen und Therapeuten und Coachs ist auch 2800 Jahre später noch nicht viel Besseres eingefallen, wie man mit Menschen umgeht, die in eine Krise geraten sind: berühren, ansprechen, dafür sorgen, dass sie wieder die Augen öffnen und um sich blicken, dass sie nicht mehr nur nach innen schauen, sondern auch nach außen. Dass sie wieder in Kontakt kommen mit sich und ihrer Umwelt. Ursachenforschung kann man später treiben, wenn es denn notwendig ist. Jetzt ist erst mal Krisenintervention angesagt.

Wenn Gott Krisenintervention betreibt, dann geht das oft ganz sanft, ganz zart, ganz unaufdringlich. Zu den Forderungen und Erwartungen, die eh schon Druck machen, kommt nicht noch eine neue Erwartung dazu.

Es ist okay so, wie du bist.

Ich liebe dich, so wie du bist.

Weil ich dich annehme, kannst du dich annehmen.

Weil ich dich liebe, kannst du dich lieben.

Deshalb berühre ich dich. Deshalb stelle ich dir Brot und Wasser hin. Deshalb sage ich zu dir: Steh auf und iss!

Ich bin die Kraft, die dich ins Leben zurückholen will. Ich bin die Kraft, die dir eine neue Zukunft schenken will. Ich bin die Kraft, die mit dir geht.

Ich bin bei dir.

Lass dich von mir berühren.

Ich bin dein Engel.

Und ich bin die Stimme Gottes.

Seltsam getröstet

In die Wüste geflüchtet
weil in mir selbst
Wüste ist

abgeschlossen mit dem Leben
suche ich mich
im Tod

hoffnungslos verzweifelt
weine ich mich
in einen kraftlosen Schlaf

steh auf und iss
Wasser und Brot
Einladung zum Leben

und heilender Schlaf
in dem die Kräfte wachsen
ins Morgen hinein

vom Flügel des Engels
sanft berührt

wächst der Mut
zum Leben

31
Wenn Engel Federn lassen

Auf einmal berührte ihn ein Engel und sprach zu ihm: Steh auf iss!
Als er hinblickte, sah er neben seinem Kopf einen gerösteten Fla-
den und einen Krug Wasser. Er aß und trank und legte sich wieder
schlafen. Aber der Engel des Herrn kam zum zweiten Mal, berührte
ihn und sprach: Steh auf iss! Denn sonst ist der Weg zu weit für
dich! Da stand er auf aß und trank und wanderte in der Kraft jener
Speise vierzig Tage und vierzig Nächte bis zum Gottesberg Horeb.
1 Könige 19,5b-8

Elija hat ins Leben zurückgefunden. Er hat die Stimme gehört,
er hat die Augen geöffnet, er hat gegessen und getrunken, er
hat seiner Heilung entgegen geschlafen, um dann aufzustehen,
sich noch einmal zu stärken und dann loszugehen, dem Berg
der Gottesbegegnung entgegen.

Vom Flügel des Engels sanft berührt, wächst der Mut zum
Leben ... aber hat denn ein Engel überhaupt Flügel? Wie sieht
ein Engel aus? Ist er das große Lichtwesen mit strahlend-wei-
ßen Flügeln? Oder doch eher der kleine pausbäckige Bub, der
einen anstrahlt und frech hinter einer Säule hervorschaut?
Übrigens: Ist ein Engel eigentlich männlich? Oder könnte er
auch weiblich sein? Oder hat er vielleicht gar kein Geschlecht?
Und: Muss ein Engel eigentlich zwangsläufig weiß sein? Oder
könnte es sein, dass es auch schwarze oder braune oder eher
gelbliche Engel gibt?

Die Bibel schweigt sich eher darüber aus, wie Engel aussehen, es bleibt unserer Fantasie überlassen. Der Dichter *Rainer Maria Rilke* sagt es so: »Jeder Engel ist schrecklich!« – und ich persönlich glaube, das trifft es schon eher als die netten Putten-Darstellungen in der Klosterkirche Birnau am Bodensee. Müsste sonst ein Engel sagen »Fürchte dich nicht!«, wenn er zu einem Menschen kommt? Immerhin: Ein Engel kommt von Gott – und auch der ist ja nicht unbedingt lieb und nett und ein kleiner zahmer Hamster. Gott ist die Urgewalt des Lebens, und jeder Bote, den er schickt, spiegelt etwas von dieser Urkraft wider.

Engel, das sind »Boten«, Mittler und Dolmetscher zwischen Gott und den Menschen.

Und Boten kehren wieder zurück zu dem, der sie geschickt hat. Ein Bote ist nicht dazu bestimmt, irgendwo zu bleiben. Vielleicht ist Ihnen das ja schon mal bei der wunderschönen Verkündigungsszene an Maria aufgefallen. Da kommt der Erzengel Gabriel und verkündet Maria diese unglaubliche Botschaft: dass in ihr Gott zur Welt kommen wird. Und dann heißt es im Lukasevangelium ausdrücklich: Danach verließ sie der Engel (Lukas 1,38b). Eigentlich komisch ... jetzt fangen die Schwierigkeiten für Maria doch erst an! Wie soll sie es Josef erklären – und den Nachbarn? Aber: Der Engel verlässt sie wieder.

Ja, es ist seltsam – und auch Elija macht sich wohl ohne den Engel auf seinen Weg.

Und doch macht es Sinn.

Gott will unsere Freiheit. Und er ist durchaus bereit, sich die etwas kosten zu lassen – zum Beispiel auch die Möglichkeit, dass wir uns gegen ihn entscheiden. Maria hätte »Nein« sagen können – und auch Elija hätte »weiterschlafen« können. Gott hat ihnen die Freiheit gegeben, eine andere Möglichkeit zu wählen.

Und genau das mag ein Grund sein, warum der Engel Maria wieder verlässt und Elija auf seinem Weg nicht begleitet. Sie sollen in Freiheit ihr »Ja« sagen, ihren Weg gehen.

Wie aber soll man frei entscheiden, wenn einem ein Engel sozusagen im Nacken sitzt? Deshalb verlassen die Engel die Menschen wieder, nachdem sie sie ein Stück auf ihrem Weg begleitet haben.

Aber Menschen auf ihrem Weg begleiten ist oft schon anstrengend genug und mag manchmal die eine oder andere Feder kosten. Und deshalb glaube ich, dass Engel gar nicht so prächtig und strahlend und vollkommen aussehen, sondern eher ein wenig mitgenommen und vielleicht manchmal sogar ein wenig schäbig.

Ist das ein Wunder?

Da soll man als Engel irgendwelche Ordensschwestern beim Autofahren begleiten oder katholische Priester auf der Autobahn, da muss man ins kalte Wasser springen, um ein Kind aus dem Bach zu holen – oder hält mitten im Gewittersturm ein ganzes Flugzeug fest, damit nichts passiert.

Glauben Sie ernsthaft, dass ein netter Barock-Junge das könnte – oder dass ein Engel nach so einer Aktion noch makellos weiß und sauber dastehen kann?

Ich vermute mal: Die Federn (wenn er/sie/es denn welche hat) können manchmal ganz schön zerzaust sein, da sind Ölflecken und da ist Dreck.

Aber ich glaube, es gibt noch einen Grund, warum Engel manchmal ein wenig zerzaust aussehen.

Die Engel lieben die Menschen. Und es ist auch für sie nicht unbedingt einfach, die Menschen wieder zu verlassen, wenn sie ihren Auftrag erfüllt haben. Sie mögen es gar nicht, uns alleine zu lassen. Und doch muss es sein, damit wir Menschen in Freiheit unseren Weg gehen können.

Ja, sie schützen uns, sie begleiten uns – und müssen doch manchmal in die »zweite Reihe« zurücktreten, um uns nicht zu beeinflussen.

Aber sie gehen nicht einfach so …

Sie lassen eine Feder zurück als Zeichen, dass sie da waren – und dass sie bei uns sind. Die Feder ist das Zeichen dafür, dass sie uns behüten, schützen und bergen – und notfalls auch herausfordern. Und dass sie uns zugleich unsere Freiheit lassen …

Deshalb glaube ich, dass Engel manchmal etwas mitgenommen aussehen. Kein Wunder, wenn sie immer da, wo sie tätig waren, eine Feder zurücklassen! Aber es gilt auch andersherum: Immer da und dort, wo wir eine Feder sehen, ist es ein Zeichen dafür, dass ein Engel da war …

Dass mich die Liebe Gottes umarmt hat. Auch wenn ich es vielleicht gar nicht bemerkt haben sollte …

P.S. Es gibt ja wirklich Dinge, die man fast nicht glauben kann. Irgendwann, als ich an diesem Impuls arbeitete, schickte mir der Verlag den Entwurf für das Titelbild dieses Buches*. Zu diesem Zeitpunkt hatte mein Lektor erst die ersten zwölf Impulse als Manuskript, um ein Gefühl für das Buch zu bekommen. Als ich das Titelbild sah, hab ich selbst Gänsehaut bekommen – und fragte den Lektor postwendend: Was hast du dir denn bei dem Bild gedacht? Und seine Antwort lautete: »Dass Engel manchmal Federn lassen …« Nein, erklären kann ich es nicht … Brauchen Sie eine Erklärung?

* Anmerkung des Lektorats: Dieses PS bezieht sich auf den Umschlag der Erstausgabe des Buchs, auf dem eine einzelne gefallene Feder zu sehen ist.

Steh auf und iss

Da stand er auf, aß und trank und wanderte in der Kraft jener
Speise vierzig Tage und vierzig Nächte bis zum Gottesberg Horeb.
Er trat dort in eine Höhle und übernachtete darin. Da erging das
Wort des Herrn an ihn und er sprach: Was tust du hier, Elija?
1 Könige 19,8-9

Erinnern Sie sich noch an die erste Aufforderung des Engels?
»Steh auf, iss!« Da heißt es im Text nur ganz lapidar als Reaktion des Elija: »Er aß und trank und legte sich wieder schlafen.« Dann kommt die zweite Berührung und Aufforderung
des Engels: »Steh auf, iss! Sonst ist der Weg zu weit für dich!«
Und jetzt kommt Bewegung »in die Sache«: Ausdrücklich
wird nun gesagt, dass Elija *aufsteht*, noch einmal isst und trinkt
und losgeht.

Erst jetzt kann Elija wirklich aufstehen, sich stellen, wieder
für etwas hin- und einstehen. Es brauchte wohl den nochmali-
gen Schlaf, die nochmalige Stärkung, damit Elija wieder zu
seiner Kraft zurückfinden kann.

Und es stimmt schon: Wer wirklich ernsthaft unter »burn-
out« leidet, der muss die »Tanks« erst auffüllen, um wieder
etwas geben zu können. Eine Mystikerin des Mittelalters
warnt die Menschen davor, Röhren zu sein statt Quellen. Eine
Röhre leitet das Wasser, das in sie hineinfließt, nur einfach
weiter, eine Quelle gibt den Überfluss her, das aber geht nur

dann, wenn der Quellgrund mit Wasser »gesättigt« ist. Genau dazu ermutigt Paulus im Neuen Testament: »Es soll ja nicht sein, dass anderen eine Entlastung, euch aber eine Belastung zuteil wird, sondern es soll ein Ausgleich sein. In der jetzigen Zeit soll euer Überfluss ihrem Mangel abhelfen, damit auch ihr Überfluss einmal eurem Mangel zugute kommt und ein Ausgleich entsteht. (2 Korinther 8,13-14) – oder kurz gesagt: Vom Überfluss abgeben, nicht den Mangel vergrößern. Kraft, Zeit, Geld und vielleicht sogar Liebe kann ich nur dann hergeben, wenn sozusagen der »Grundwasserspiegel« in mir selbst stimmt, sonst ist die Gefahr groß, dass ich gebe, um eigentlich etwas zu bekommen und meinen eigenen Hunger zu stillen. Hergeben, ohne etwas zu erwarten – das geht nur, wenn ich von meinem Überfluss abgebe. Und wenn ich in dem Sinn keinen Überfluss habe, dann kann ich eigentlich auch nichts abgeben. Dann werde ich zu einer Röhre statt zu einem Brunnen.

Schlafen, essen und trinken beim ersten Mal füllt sozusagen den Grundwasserspiegel des Elija wieder auf – und schlafen, essen und trinken beim zweiten Mal gibt ihm die Kraft, aus der heraus er sich wieder anderen und anderem zuwenden kann.

Und so kann er neu losgehen, durch die Wüste hindurch, zum Gottesberg Horeb, dem Sinai, dem Ort des Bundes zwischen Gott und seinem Volk. Was mag ihn dorthin getrieben haben? Die Weisung des Engels hatte ja kein konkretes Ziel angegeben.

Eigentlich ist es verständlich: Der Horeb ist der Ort der Gottesbegegnung und damit ein wichtiger und heiliger Ort für die Israeliten. Und wenn man in seinem Leben die Orientierung verliert, dann sucht man durchaus solche Orte der Erinnerung auf, um neu den Weg zu bestimmen. Man geht zurück an den Ort, an dem man schon einmal etwas entscheidend Wichtiges erlebt hat, um sich neu auszurichten in der Verbindung mit der Tradition und der Geschichte. Man sucht den heiligen Ort, um dort vielleicht dem Heiligen neu zu begegnen.

Und so kommt es auch nicht von ungefähr, dass der Text uns sagt, dass Elija vierzig Tage und vierzig Nächte dorthin unterwegs war – die Zahl der Neuorientierung, die Zahl der »Wende«, und die Erinnerung daran, dass das Volk der Israeliten vierzig Jahre für ihren Weg in das Gelobte Land brauchte. Und auch im Leben des Elija steht jetzt eine Wende und eine Neuorientierung an.

Falls Sie übrigens das »Steh auf und iss« an etwas erinnert haben sollte – ja, es sollte Sie erinnern!

»So sollt ihr es essen: eure Hüften gegürtet, eure Schuhe an euren Füßen und euren Stab in euren Händen. Ihr sollt es in Eile essen: Ein Pessach ist es für den Herrn.« (Exodus 12,11) – die Weisung Gottes an sein Volk vor dem Aufbruch aus Ägypten.

Genau wie sie soll Elija im Stehen essen, um neu bereit zu sein für den Aufbruch aus »seinem« Ägypten.

33
Ein Schrei der Sehnsucht

Elija trat dort in eine Höhle und übernachtete darin. Da erging
das Wort des Herrn an ihn und er sprach zu ihm: Was tust du hier,
Elija? Er erwiderte: Von Eifer bin ich entbrannt für den Herrn,
den Gott der Heerscharen; denn die Israeliten haben dich verlassen,
deine Altäre haben sie niedergerissen, deine Propheten haben sie
mit dem Schwert umgebracht. Ich allein bin übrig geblieben und
nun stellen sie auch meinem Leben nach.
1 Könige 19,9-10

Nach vierzig Tagen und Nächten der Wanderung kommt Elija
endlich an seinem Ziel an. Aber – was hatte er sich eigentlich
erhofft auf seiner langen Wanderung? Was sollte ihn dort am
Horeb erwarten? Würde Gott ihn willkommen heißen?
Würde er erkennen, was er jetzt tun soll?

Anscheinend passierte gar nichts, als Elija dort ankam.
Keine Begrüßung, kein Informationsschalter, keine Hinweis-
tafeln – einfach nur Landschaft, Weite, Wüste. Kein Gott,
keine Stimme, keine Weisung. Was mag Elija in diesem
Moment gedacht und gefühlt haben? War er enttäuscht und
traurig? Oder ganz gelassen und geduldig, voller Vertrauen
darauf, dass Gott sich schon melden wird? Oder einfach froh,
angekommen zu sein – und entsprechend müde? Wie es einem
eben geht, wenn man einen so langen Weg bis zum Ziel zurück-
gelegt hat?

Und wenn dann nichts passiert, wenn man keine Idee hat, wie es denn jetzt im Leben weitergehen soll, na gut, dann geht man eben erst mal schlafen, Rückzug, Höhle. Nicht mehr laufen, rennen, wandern – ankommen, zur Ruhe kommen. Aufhören mit all dem Machen und Tun – einfach nur sein.

Und da erging das Wort des Herrn an Elija … Gott ist wieder ganz persönlich im Kontakt mit seinem Propheten. Und das könnte auch ein Hinweis darauf sein, dass er Elija so viel Kraft zutraut, dass er jetzt die direkte Begegnung mit Gott wieder aushalten kann. Das »Wort« ist diesmal aber keine neue Weisung, sondern eine Frage: Was tust du hier, Elija? Die uralte Frage Gottes an den Menschen: »Wo bist du?« (Genesis 3,9) – und jetzt: »Was tust du hier, Elija?« Gott stellt diese Fragen ja nicht, weil er irgendwelche Informationen bräuchte, wo Adam ist und was Elija hier will. Natürlich weiß er das. Aber warum fragt er dann?

Eine Frage fordert mich zur Antwort heraus. Und ich muss überlegen, was und wie ich antworte. Wo bin ich eigentlich grad, und was will ich hier? Gott fragt, weil ich mir über etwas klar werden soll. Die Fragen Gottes locken mich aus meinem vermeintlichen »Gefunden-Haben« neu ins Suchen heraus, sie eröffnen mir neue Wege zu mir, fordern mich auf, mich zu finden und mich zu stellen.

Umso interessanter ist jetzt die Antwort des Elija: »Von Eifer bin ich entbrannt für den Herrn, den Gott der Heerscharen; denn die Israeliten haben dich verlassen, deine Altäre haben sie niedergerissen, deine Propheten mit dem Schwert umgebracht. Ich allein bin übrig geblieben und nun stellen sie auch meinem Leben nach.« Die Antwort ist ja ganz nett – aber eigentlich keine Antwort auf die Frage Gottes: Was tust du hier? Die Leidenschaft kann man Elija durchaus noch abnehmen – aber haben die Israeliten sich nicht gerade wieder zu Jhwh bekehrt? Okay, man weiß nicht, wie lange das anhält, aber immerhin. Und bisher haben wir nur von einem niedergerissenen Altar gehört, den Elija wieder aufgebaut hat, den auf dem Karmel. Und die einhundert Propheten Jhwhs, die Obadja gerettet hat, scheinen ja auch noch am Leben zu sein – »ich alleine bin übrig geblieben«?

Und noch interessanter ist, was Elija jetzt nicht sagt: kein Danke für Jhwh Unterstützung auf dem Karmel, kein Danke für den Engel, den Gott geschickt hat. Noch kann Elija seine Rat- und Hilflosigkeit nicht eingestehen, er kann Gott noch nicht bitten. Vielleicht weiß er auch gar nicht, worum er eigentlich bitten soll, was er hier tut, was er hier will? Er könnte ja auch sagen: Du, ich weiß nicht mehr, was du von mir und mit mir willst. Zeige mir den Weg, den ich gehen soll!

Stattdessen macht Elija eine Aussage, die irgendwie verquer ist und vorne und hinten nicht passt und eigentlich auch nicht zutrifft. Fast kommt Elija mir vor wie ein kleines, trotziges Kind, das voll Sehnsucht die Nähe will, aber zugleich aus dem Schutz seiner Höhle heraus sämtliche Stacheln stellt. Aus der zärtlichen Berührung des Engels scheint er nichts gelernt zu haben.

Fast könnte man seine Aussagen als Vorwürfe Gott gegenüber hören: Ich, voll Leidenschaft, alle anderen lieben dich nicht, ich bin allein, man will mein Leben – Mach was! Hab mich endlich lieb!

Vielleicht ist es ein Schrei der Sehnsucht …

Plötzlich: Stille

Da sprach er: Geh hinaus und tritt auf dem Berg vor den Herrn hin! Da zog der Herr vorüber. Ein gewaltiger, heftiger Sturm, der Berge zersprengt und Felsen spaltet, ging vor dem Herrn her; aber der Herr war nicht im Sturm. Nach dem Sturm kam ein Erdbeben, aber der Herr war nicht im Erdbeben. Nach dem Erdbeben kam Feuer; aber der Herr war nicht im Feuer. Nach dem Feuer kam ein leises, sanftes Säuseln. Als Elija das vernahm, verhüllte er sein Gesicht mit seinem Mantel, ging hinaus und trat an den Eingang der Höhle.
1 Könige 19,11-13a

Aus der Antwort des Elija kann man herauslesen, dass er möglicherweise noch nicht allzu viel gelernt hat: Trotz, Klage, Selbstmitleid, Vorwürfe … Und so ist die Aufforderung Jhwhs verständlich: Geh hinaus und tritt auf dem Berg vor den Herrn hin! Man könnte jetzt über das »Geh hinaus« lange meditieren, so, als ob Gott in der Höhle mit Elija ist und ihn hinausschickt. *Martin Buber* übersetzt an dieser Stelle einfach: »Heraus!«

Stimmt vielleicht beides? Die Stimme Gottes, die von außen in meine Höhle dringt, ist auch die Stimme Gottes in mir? Entscheidend ist, dass Elija herausgerufen oder hinausgeschickt wird: heraus aus seiner Höhle, in der er Zuflucht gesucht hat, aber auch heraus aus seinem ichbezogenen Denken, aus seinen Verknotungen und Verwicklungen.

Und er soll vor Gott hinstehen, sich stellen. Interessant ist, dass Elija diesem Ruf in diesem Moment nicht folgt: Er bleibt in seiner Höhle, er tritt nicht heraus, er stellt sich nicht. Er bleibt, wo er ist.

»Da zog der Herr vorüber ...« Diese Formulierung erinnert an die Nacht des Vorübergangs des Herrn vor dem Aufbruch der Israeliten aus Ägypten, der Nacht, in der etwas Neues begann. Und dann bricht es regelrecht los – Sturm, Erdbeben, Feuer. Alle Mächte der Schöpfung werden »losgelassen« und zeigen ihre verheerende Kraft. Und das waren genau die Kräfte der Natur, die die Menschen sich damals nicht erklären konnten, denen sie sich hilflos ausgeliefert fühlten – und denen sie deshalb etwas Göttliches zuschrieben.

Was für ein Moment muss das für Elija gewesen sein! Sturm und zerberstende Felsen, das Stöhnen der Erde und ihr Beben, das Feuer, das versengt und brennt. Was hier im Text mit knappen Worten beschrieben wird, war wohl eher ein Inferno, ein Chaos: Krachen, Bersten, Stürmen – gar nicht so unwahrscheinlich, dass im nächsten Moment die Welt untergeht! Die Augen sehen das Zerbrechen, die Ohren hören das Bersten und Krachen, der ganze Körper zittert. Ob Elija geahnt hat, was da kommen mag und deshalb wohlweislich in seiner Höhle geblieben ist?

Und doch ist der Herr nicht in all diesen vernichtenden Gewalten, nicht im Sturm, nicht im Erdbeben, nicht im Feuer.

Und dann plötzlich Stille ...

Ganz einfach: Stille.

Ruhe.

Schweigen.

Nur ein sanftes, leises Säuseln … oder wie es *Martin Buber* übersetzt: »eine Stimme verschwebenden Schweigens«.

Vielleicht nur ein Hauch. Ein Ahnen und Spüren.

Aber: Das Ende des Chaos.

Auch des Chaos in mir.

Und erkennen – und erkannt werden.

Das Nicht-Hörbare hören und das Nicht-Sichtbare sehen.

Mein Gesicht verbergen und aus meiner Höhle heraustreten und mich stellen.

Mich Gott stellen …

Hier bin ich, Gott.

Leidenschaftlich

Auf der Suche
nach dir

vierzig Tage
und
vierzig Nächte

und dann

zerreißen Träume
im Sturm

zerbrechen Bilder
im Beben

verbrennen Hoffnungen
im Feuer

erst jetzt
ist zarte Berührung
möglich

und kann
dich
finden

in mir

35
Gott ist ganz anders

*Da zog der Herr vorüber. Ein gewaltiger, heftiger Sturm, der
Berge zersprengt und Felsen spaltet, ging vor dem Herrn her; aber
der Herr war nicht im Sturm. Nach dem Sturm kam ein Erdbeben; aber der Herr war nicht im Erdbeben. Nach dem Erdbeben
kam Feuer; aber der Herr war nicht im Feuer. Nach dem Feuer
kam ein leises, sanftes Säuseln. Als Elija das vernahm, verhüllte er
sein Gesicht mit seinem Mantel, ging hinaus und trat an den Eingang der Höhle.*
1 Könige 19,11b-13a

Welch eine Begegnung zwischen Gott und seinem Propheten!
Gott lässt sich finden, erfahren, erspüren – aber eben nicht in
dem, was man damals mit Gott verbunden hat. Gott ist nicht
im Feuer und nicht im Erdbeben. Und der Sturm geht Gott
zwar wie ein braver Diener voraus, aber Gott ist auch nicht im
Sturm. Gott ist nicht die Zerstörung, die Vernichtung, das
Chaos.

Diese Kräfte mögen Gott zwar manchmal begleiten und
ihm vorausgehen – aber sie sind nicht Gott. Und wer solche
Kräfte mit Gott gleichsetzt, der verkennt Gott.

Ja, Elija mag sein Bild von Gott gehabt haben. Ein starker,
mächtiger Gott, der mit Gewalt einherfährt und alles vernich-
tet, was ihm im Weg steht. Deswegen vielleicht die Inszenie-
rung auf dem Karmel und das Herabrufen des Feuers auf das

Opfertier. Vielleicht hat deshalb Elija alle Priester und Propheten des Baal töten lassen – weil er dachte, es wäre im Sinne seines Gottes. Und das würde auch sein »burn-out« eventuell erklären: Wenn er an einen Gott der Macht glaubt, ist die eigene Ohnmacht wenig geeignet, sich wirklich als Prophet dieses Gottes zu fühlen. Möglicherweise konnte er deshalb Gott nicht in dem Engel erkennen, der ihn berührte und Brot und Wasser hinstellte.

In diesem Moment am Horeb zerbrechen alle Bilder, die sich Elija von Gott gemacht hat. Gott ist ganz anders. Und was er, Elija, von Gott gedacht hat, sagt erst einmal mehr über Elija als über Gott aus. Wenn Gott stark ist und ich sein Prophet bin, dann bin ich auch stark. Wenn Gott Macht hat, dann habe ich auch Macht. Weil ich stark sein will, muss mein Gott stark sein. Weil ich Macht haben will, muss mein Gott Macht haben.

Gott möge bitte so sein, wie ich ihn haben will – damit ich so sein kann, wie ich gerne wäre.

Aber Gott ist ganz anders.

Diese Lektion muss Elija am Horeb sehr schmerzlich erfahren.

Manche Bibelwissenschaftler sagen, dass Elijas Gottesbild ergänzt wird. Zu den eher männlichen Erscheinungsweisen Gottes wie Kraft und Macht, verkörpert durch Sturm, Erdbeben und Feuer, kommt ein neues Bild von Gott dazu, das Leise, Sanfte, Säuselnde – ein eher weibliches Gottesbild.

Ein Gott der Liebe und der Barmherzigkeit, der Begegnung und der Beziehung, ein Gott, der berührt und aufrichtet, tröstet und nährt – so wie der Engel beim Ginsterstrauch.

Kann es sein, dass das der Grund ist, warum sich Elija bei Gott nicht für das bedankt, was dieser Engel ihm gegeben hat?

Weil er es gar nicht mit Gott verbunden hat? Weil es nicht in sein Gottesbild hineingepasst hat?

Psychologisch gesehen könnte man Elija als den »Propheten der Lebensmitte« beschreiben – Integration von *anima* und *animus*. Bis zur Lebensmitte ist man ausreichend damit beschäftigt, das Männliche oder das Weibliche in sich zu finden und zu gestalten. Man sucht seine Rolle als Mann oder als Frau.

In der Lebensmitte ist es angesagt, das jeweils andere in mir zu entdecken, als Mann das Sanfte und Zärtliche (mit ein Grund, warum viele Großväter bei ihren Enkeln die Zärtlichkeit leben können, die sie ihren eigenen Kindern nie zeigen konnten) und als Frau klarer Position zu beziehen, die eigene Meinung zu sagen, eindeutiger zu werden (auch ein Grund dafür, warum in dem Lebensabschnitt viele Trennungen in Beziehungen von Frauen ausgehen).

»Lebensmitte« in einem gelingenden Sinn kann heißen, »Männliches« und »Weibliches« in sich zu integrieren und damit neu »ganz« zu werden. Und das ist es, was jetzt für Elija ansteht. Seine einseitig männlich geprägten Gottesbilder tragen nicht mehr. Ja, das alles mögen Erscheinungsweisen Gottes sein – aber es ist nicht Gott.

Gott ist mehr.

Gott ist auch das vorüberschwebende Schweigen, das Leise, das Sanfte, die zarte Berührung.

Gott ist das Eine und das Andere. Und in ihm heben sich die Spannungen zwischen dem Einen und dem Anderen auf und verbinden sich in etwas ganz Anderem, Neuem.

Und genau das gibt Elija und mir die Erlaubnis, dass das Eine und das Andere in mir leben und sein darf, dass ich die

Spannungen nicht ausmerzen muss, sondern genau aus dieser Spannung heraus mein Leben gestalten kann und darf.

Ja, ich darf sanft und zart und nachgiebig und barmherzig sein – und zugleich klar, entschieden, kraftvoll. Ich kann und darf Position beziehen – und doch um der Liebe willen lieben und nachgeben.

Das Eine braucht das Andere.

Das ist die Botschaft der Lebensmitte.

Und das ist das, was Elija jetzt vielleicht lernen soll.

Und ich vielleicht auch.

36
Noch zu neu

Als Elija das vernahm, verhüllte er sein Gesicht mit seinem Mantel, ging hinaus und trat an den Eingang der Höhle. Nun drang eine Stimme zu ihm, die ihm zurief Was tust du hier, Elija? Er antwortete: Von Eifer bin ich entbrannt für den Herrn, den Gott der Heerscharen; denn die Israeliten haben dich verlassen, deine Altäre haben sie niedergerissen, deine Propheten haben sie mit dem Schwert umgebracht und nun trachten sie auch mir nach meinem Leben.
1 Könige 19,13-14

Ja, eventuell sind Sie etwas irritiert: Gab Elija diese Antwort nicht, bevor der Herrn vorüberzog? Ja, da gab er sie auch schon einmal. Nur um es noch einmal kurz zu rekapitulieren: Elija geht in die Höhle, und dann fragt Gott ihn, was er hier tue. Und da gibt er genau diese Antwort. Dann ergeht die Aufforderung an Elija, herauszukommen und sich vor den Herrn zu stellen – aber Elija bleibt in seiner Höhle. Jetzt bricht dieses Sturm-Erdbeben-Feuer-Inferno los – und dann: Stille. Und Elija verhüllt sein Gesicht und tritt hinaus. Und Gott stellt die gleiche Frage noch einmal – und Elija gibt dieselbe Antwort wie vorher.

Irgendwie komisch …

Aber lassen Sie uns trotzdem einfach miteinander überlegen, was da vielleicht geschehen ist.

Ja, die Antwort des Elija ist objektiv gesehen falsch und auch keine Antwort auf die Frage Gottes. Und dass er, als Gott ihn das zweite Mal fragt, genau die gleiche Antwort gibt, macht sie auch nicht richtiger.

Aber kann es möglicherweise sein, dass für Elija die Antwort stimmt? Dass er sich alleine und verlassen fühlt, bedroht und verfolgt, enttäuscht und gescheitert? Dass es seine subjektive Wahrheit ist? Und dass er aus genau dieser Empfindung heraus noch gar nicht aus seiner Höhle, aus seinem Schutz, seiner Geborgenheit herauskommen und sich vor den mächtigen und kraftvollen Gott stellen kann?

Dann aber ist Gott in all dem nicht, was Elija mit Gott verbunden hat, nicht im Sturm, im Erdbeben, im Feuer, sondern da ist ein »vorüberschwebendes Schweigen« – und Elija kann seine Höhle verlassen, er wagt sich in die Nähe Gottes hinein, er gibt seinen Schutz auf, er macht sich angreifbar, verletzlich.

Und in dieser Stille kann er die Frage Gottes noch einmal hören: »Was tust du hier, Elija?« – eine zweite Chance, sich in dieser neuen Verletzlichkeit der Frage zu stellen, um vielleicht eine Antwort zu finden.

Aber welche vernünftige Antwort will Elija denn auf diese so grundsätzliche Frage Gottes jetzt in dieser Situation geben? Gerade hatte er sozusagen noch den Weltuntergang vor Augen, er hat diese überwältigende Erfahrung mit dem Schweigen, der Stille gemacht, da ist schon wieder die Stimme des Herrn … zugegeben, es ist schon ein bisschen viel im Moment.

Irgendwie ist es auch verständlich, dass Elija im Moment nicht viel Neues einfällt. Wenn alles um einen herum zu zerbrechen scheint, dann hält man sich wie an einem Strohhalm an dem fest, was scheinbar »fest zu sein scheint«, an dem, was man kennt – und an dem, was man kann, egal, ob es jetzt grad passt oder nicht.

Psychologisch gesehen würde man sagen: In Zeiten der Krise fällt man in alte Muster zurück. Man hat zum Beispiel Briefe untersucht, die deutsche Soldaten, die im Zweiten Weltkrieg im Kessel von Stalingrad eingeschlossen waren, nach Hause geschrieben haben. Und diese Männer, die mitten in dem Inferno irgendwie zu überleben versuchten, schrieben in ihren Briefen vom Streuselkuchen, den ihre Mutter immer gebacken hat. Wenn man das heute liest, mag es einem seltsam erscheinen – aber den Soldaten half es, mitten im Chaos sich am Bild einer heilen Welt »festzuhalten«.

Doch, ich glaube schon, dass dieses Erleben am Sinai Elija grundlegend verändert hat – aber dass es einfach noch zu früh war, das jetzt schon Gott gegenüber irgendwie in Worte fassen zu können.

Und Gott scheint das genauso zu sehen …

37
Von Gott geliebt

Der Herr aber sprach zu ihm: Geh zurück durch die Steppe nach
Damaskus und salbe Hasad zum König über Aram! Jehu, den
Sohn Nimschis, salbe zum König über Israel! Elischa aber, den
Sohn Schafats, aus Abel-Mehola, salbe an deiner Stelle zum Pro-
pheten! Dann soll es geschehen: Wer dem Schwert Hasads entrinnt,
den wird Jehu töten, und wer dem Schwert Jehus entrinnt, den
wird Elischa töten. Aber siebentausend will ich in Israel am Leben
lassen, alle Knie nämlich, die sich nicht vor Baal gebeugt haben,
und jeden Mund, der ihn nicht geküsst hat.
1 Könige 19,15-18

Also gut – auch Gott ist ja durchaus lernfähig, was seinen Propheten angeht. Im Moment kann er wohl von Elija nicht
erwarten, dass er irgendwie eine klare Aussage machen kann.
Es wäre wohl auch wirklich zu viel verlangt. Vielleicht reicht
es ja sogar, diese Frage gestellt zu haben, damit Elija neu ins
Nachdenken kommen kann.

Und da zeigt sich mal wieder die Zärtlichkeit Gottes. Er
dringt nicht weiter in Elija ein, er lässt ihn. Er schimpft nicht,
er tadelt nicht, er fordert nicht. Gott hat seine Frage gestellt
– und damit ist es gut. Elija wird seine eigene Antwort darauf
finden müssen.

Elija wird von Gott zurück zu den Menschen geschickt,
genauer gesagt in die Stadt Damaskus. Und er bekommt kon-

krete Aufträge – da werden Namen genannt, und da wird diesmal genau dazu gesagt, was er zu tun hat.

Er bekommt einerseits wieder Prophetenaufgaben – er soll öffentlich wirken, Könige salben – und doch kann auch Gott sich andererseits eine leise Kritik an seinem Propheten nicht verkneifen. Da ist zum einen der dezente Hinweis, dass da siebentausend übriggeblieben sind, die nicht zur Verehrung des Baal übergetreten sind. Elija ist gar nicht so allein, wie er selbst glaubt. Und, noch etwas deutlicher: »Elischa aber, den Sohn Schafats, aus Abel-Mehola, salbe an deiner Stelle zum Propheten!«

Gott nimmt Elija die Verantwortung ab, unter der er anscheinend so sehr gelitten hat. Er hat sich verantwortlich dafür gefühlt, dass das Volk Gott treu bleibt – und das war eine Nummer zu gros für den Propheten. Da hat er sich so leidenschaftlich verausgabt, dass keine Kraft mehr übriggeblieben ist. Er hat die Wirklichkeit aus dem Blick verloren, das, was Gott von ihm will, er hat sich selbst in die Isolation getrieben, sich selbst aus dem Blick verloren und nichts mehr für sich getan.

Gott erinnert ihn daran, dass er nicht alleine ist, dass es da Könige gibt, die auch für etwas zuständig sind und Verantwortung tragen – und er kündigt ihm gleichzeitig seinen »Ruhestand« an. Mit Elischa wird ihm jemand zur Seite gestellt, der mit ihm geht und der mittelfristig seine Aufgaben übernehmen soll und wird.

Gott sorgt für seinen Propheten, der sich ihm so leidenschaftlich gegeben hat. Aber er sorgt wahrscheinlich anders für ihn, als Elija es sich gedacht hat. Er schickt ihn zurück zu den Menschen – und vertraut darauf, dass die Erfahrungen am

Horeb schon ihre Wirkungen haben werden. Er schickt seinen Propheten zurück ins Leben, mit begrenzten, klaren Aufträgen und einem Freund und Schüler an der Seite. Das ist eine Perspektive, das ist ein Weg – auch für Elija.

Und so kann er sich wieder auf den Weg machen ... Von Gott geliebt ...

Auch wenn er diese Liebe Gottes im Moment vielleicht noch gar nicht versteht ... denn auch die Liebe Gottes ist manchmal so ganz anders.

Aber lässt sich Liebe überhaupt »verstehen«?

38
Nicht viele Worte

Als Elija von dort weggegangen war, traf er Elischa, den Sohn
Schafats, der gerade pflügte. Zwölf Gespanne hatte er vor sich, er
selbst ging beim zwölften. Elija ging zu ihm hinüber und warf sei-
nen Mantel über ihn. Da ließ er die Rinder stehen, lief hinter Elija
her und rief: Lass mich erst noch meinem Vater und meiner Mut-
ter den Abschiedskuss geben, dann will ich dir folgen. Elija sagte
zu ihm: Geh nur, aber komm dann zurück! Bedenke, was ich an
dir getan habe. Er ging von ihm weg, nahm das Paar Rinder und
schlachtete sie. Mit dem Joch der Rinder kochte er das Fleisch und
gab es den Leuten zu essen. Dann brach er auf, folgte Elija nach
und wurde sein Diener.
1 Könige 1 9, 1 9-21

Wenn man das so liest, dann könnte man fast meinen, Elischa
hätte gerade »um die Ecke herum« nur auf Elija gewartet.
Aber da war mal wieder der Schreiber unseres »Ergebnis-
protokolls« am Werk.

Auch wenn die Bibelforscher sich nicht so ganz einig sind,
wo dieser Berg Sinai, der Ort der Begegnung Gottes mit seinem Volk lag – und ob er überhaupt mit dem »Horeb«
gleichzusetzen ist, an dem Elija diese Erfahrungen machte –,
ziemlich sicher ist, dass der Weg zurück von der Wüste Sinai
nach Damaskus, zurück zu den Menschen, lang war – und, in
einem übertragenen Sinn, auch heute noch ist.

Elija mag Tage und Wochen unterwegs gewesen sein, bevor er Elischa traf, und was in diesen Tagen und Wochen mit und vor allem in unserem Propheten geschehen ist, darüber schweigt der Schreiber dieser Geschichte.

Vielleicht ist es auch gar nicht beschreibbar, was Elija in dieser Zeit erlebt hat? Mag sein, er ist seinen Weg mit Gott hin zu den Menschen gegangen – fragend, grübelnd, meditierend, betend …

Aber ich glaube, es ist genau dieser Weg, der Elija verändert hat: von dieser unglaublichen Begegnung mit Gott zurück zu den Menschen …

Ja, er bleibt nicht an dem Ort mit dieser berührenden Erfahrung mit Gott. Er geht zurück. Und im Gehen muss er fertig werden mit dem, was er da grad erlebt hat. Im Gehen wird er ein anderer. Und er lernt den Auftrag Gottes zu akzeptieren, dass er Elischa zu seinem Nachfolger berufen soll.

Der Elija vom Karmel hätte sich vielleicht dagegen gewehrt, der Elija, der den Horeb erlebt hat, kann zulassen, dass Gehorsam Gott gegenüber auch heißen kann, dass Gottes Wille und das Leben manchmal anders verlaufen, als man selbst es eigentlich will. Eine solche Erkenntnis fällt einem in den seltensten Fällen einfach so zu, sie muss wachsen, sie braucht ihre Zeit. Sie braucht den Weg …

Und so mag es durchaus sein, dass das Spannendste mal wieder zwischen den Zeilen steht …

Was die Bibel erzählt, ist karg: Elija trifft Elischa, und ohne ein Wort wirft er seinen Mantel über den jungen Mann. Elija spricht ihn noch nicht einmal an. Er, der Prophet, hat keine Worte, um Elischa dieses Zeichen zu erklären. Elija ist in dieser Situation ein Prophet ohne Sprache …

Hadert er vielleicht doch noch mit diesem Auftrag Gottes? Hat er keine Lust auf Pensionierung? Tut er das, was er soll – ohne es zu wollen?

Ja, ich glaube, es hat ihn Überwindung gekostet, diesen Auftrag Gottes auszuführen. Er will eigentlich keinen Nachfolger, er würde selber gerne … Und doch muss dieses Erleben Gottes am Horeb so beeindruckend gewesen sein, dass Elija keine andere Chance sieht, als diesem Auftrag Gottes nachzukommen.

Wo Worte fehlen, greift man zu Zeichen. Das war vor zweieinhalbtausend Jahren nicht anders als heute … Eine Rose ist eben nicht nur eine Rose, sondern hat auch eine Botschaft.

Und dass Elija seinen Mantel wortlos über Elischa wirft, ist genau so ein Zeichen. In diesem Moment verabschiedet er sich von seinem Amt und seiner Würde, er lässt los, er gibt her. Und ich glaube, genau das ist es, was der Weg zurück vom Sinai, vom Horeb (ganz egal, wo er geografisch genau liegen mag) mit Elija gemacht hat: Er hat sich verändert, er hat sich in den Willen Gottes hineingegeben, er schießt nicht mehr über das Ziel hinaus, er kann lassen.

Noch hat Elija keine Worte dafür … nur ein Zeichen.

Er gibt das, was äußerlich für sein Propheten-Dasein steht. Dieser Mantel hat Gott gesehen, er hat Elija geschützt, in ihm konnte er sich bergen. In diesem Mantel sind Herausforderung und Schutz zugleich, Aufgabe und Zusage. Dieser Mantel steht für die Zumutung Gottes, Menschen in seinen Dienst zu berufen.

Der Weg zurück hat Elija so verändert, dass er dieses Zeichen, diesen Auftrag weitergeben kann. Und Elischa versteht auch ohne Worte, was es bedeutet. Er nimmt die Aufforderung an, er sagt Ja zu der Zusage. Und er stellt sich, gibt sich ganz, lässt sich keine Hintertür offen. Er nimmt Abschied, lässt los, schlachtet die Ochsen, mit denen er das Feld gepflügt hat, er verbrennt das Joch – und folgt nach.

Ja, es scheint, dass Elija einen würdigen Nachfolger in Elischa gefunden hat … zumindest an Leidenschaftlichkeit steht er ihm in nichts nach.

Wenn Gott etwas von einem will, dann braucht das nicht viele Worte. Das Tun kann viel entscheidender sein.

39
Lassen lernen

Als der Herr Elija im Sturmwind in den Himmel auffahren lassen wollte, gingen Elija und Elischa aus Gilgal fort. Elija sagte zu Elischa: Bleib doch hier, denn der Herr schickt mich nach Bet-El. Elischa aber erwiderte: So wahr der Herr lebt und so wahr du lebst, ich verlasse dich nicht! So gingen sie nach Bet-El hinunter. Da kamen die Prophetenjünger, die in Bet-El waren, zu Elischa heraus und sagten zu ihm: Weißt du, dass heute der Herr deinen Herrn über dein Haupt hinweg entrücken wird? Er entgegnete: Ich weiß es auch, schweigt nur! Darauf sagte Elija zu ihm: Elischa, bleib doch hier; denn der Herr schickt mich nach Jericho! Elischa aber sagte: So wahr der Herr lebt und so wahr du lebst, ich verlasse dich nicht! So kamen sie nach Jericho. Da traten die Prophetenjünger, die in Jericho waren, an Elischa heran und sagten zu ihm: Weißt du, dass heute der Herr deinen Herrn über dein Haupt hinweg entrücken wird? Er entgegnete: Ich weiß es auch, schweigt nur! Darauf sagte Elija zu ihm: Bleib doch hier; denn der Herr schickt mich an den Jordan. Elischa aber sagte: So wahr der Herr lebt und so wahr du lebst, ich verlasse dich nicht! So gingen sie beide miteinander. Es gingen aber fünfzig von den Prophetenjüngern mit und hielten sich in einiger Entfernung abseits auf während die beiden am Jordan stehen blieben. Elija nahm seinen Mantel, wickelte ihn zusammen und schlug damit auf das Wasser. Da teilte es sich nach der einen und nach der anderen Seite und beide gingen auf trockenem Grund hinüber. Als sie drüben waren, sagte Elija zu Elischa: Erbitte dir etwas, was ich dir noch tun soll, ehe ich von dir fortgenommen werde! Elischa erwiderte: So möge mir ein doppelter Anteil von deinem Geist zufallen! Da sagte Elija: Du hast etwas erbeten, was schwer zu erfüllen ist. Wenn du mich siehst, wie ich von dir entrückt werde, so wird es dir zuteil werden, wenn aber nicht, so wird es nicht geschehen. Während sie weitergingen und redeten, kam ein feuriger Wagen mit feurigen Pferden und trennte die beiden voneinander. Elija fuhr im Sturmwind zum Himmel empor. Als Elischa das sah, schrie er: Mein Vater, mein Vater, Wagen Israels und sein Lenker! Dann sah er ihn nicht mehr. Da packte er seine Kleider und zerriss sie in zwei Stücke. Hierauf hob er den Mantel Elijas auf der heruntergefallen war, kehrte um und stellte sich wieder an das Ufer des Jordan. Er nahm den Mantel, der Elija entfallen war, schlug damit auf das Wasser und sprach: Wo ist der Herr, der Gott des Elija? Sobald er auf das Wasser schlug, teilte es sich nach der einen und nach der anderen Seite und Elischa ging hinüber. Als die Prophetenjünger ihn von drüben sahen, riefen sie: Der Geist des Elija hat sich auf Elischa niedergelassen. Sie gingen ihm entgegen, warfen sich vor ihm zu Boden und sagten zu ihm: Es sind hier bei deinen Knechten fünfzig starke Männer; die sollen deinen Herrn suchen; vielleicht hat ihn der Geist des Herrn entführt und auf einen Berg oder in ein Tal entrückt. Er antwortete: Schickt sie nicht hin! Sie aber drangen heftig in ihn, bis er sagte: So schickt sie also hin. Da sandten sie fünfzig Mann aus. Die suchten drei Tage lang, fanden Elija aber nicht. Als sie nach Jericho zu Elischa zurückkehrten, sagte er zu ihnen: Habe ich euch nicht gesagt, ihr braucht nicht hinzugehen? 2 Könige 2,1-18

Welch dramatische Szene, mit der Elija diese Welt verlässt! Und zugleich voller Anspielungen und Geheimnisse …

Elija scheint zu ahnen oder zu wissen, dass dieser entscheidende Schritt ansteht – und er will ihn eigentlich alleine gehen, so alleine, wie er sich immer in seinem Leben gefühlt hat. Aber Elischa lässt sich nicht so einfach abschütteln wie der Diener damals, als Elija in die Wüste flüchtete. Er ist nicht der Einzelkämpfer wie Elija, sondern er hat in seinem Dienst zugleich Prophetenschüler und -jünger um sich versammelt, von denen hier berichtet wird. Elischa lebt in Beziehungen.

Elija versucht sich zu entziehen – und begründet das mit geheimnisvollen Aufträgen Gottes, von denen aber nichts berichtet wird und die er an den Orten anscheinend auch nicht ausführt. Sind sie nur ein Vorwand, um Elischa loszuwerden?

Dreimal probiert es Elija, und dreimal antwortet Elischa mit derselben Schwurformel: »So wahr der Herr lebt und so wahr du lebst, ich verlasse dich nicht!« Fast scheint es, als wolle er Elija mit dieser Formulierung regelrecht an die Seite Gottes stellen und sich und Elija selbst vergewissern, dass Elija noch lebt.

Und dann, am Jordan angelangt, kommt wieder der Prophetenmantel ins Spiel: Elija wickelt ihn zusammen, schlägt damit auf das Wasser, und es teilt sich. Das erinnert an den Durchzug der Israeliten durch das Schilfmeer, auf der Flucht vor den Ägyptern und auf dem Weg in die Freiheit (Exodus 14,19-31). Und auch beim Einzug der Israeliten in das Gelobte Land über den Jordan wird davon berichtet, dass das Wasser sich teilt und das Volk trockenen Fußes hindurchgehen kann (Josua 3). Ist es auch für Elija ein Weg in die Freiheit und in »sein Gelobtes Land?«

Aber Elischa kann noch nicht loslassen. Er hält Elija fest. Und Elija scheint zu erkennen, dass Elischa noch etwas braucht, um ihn loslassen zu können. Er ist bereit, ihm eine Bitte, einen Wunsch zu erfüllen, bevor er fortgeht – damit schließt er aber auch die Bitte aus, dass er bleiben soll.

Elischa erbittet sich den doppelten Anteil vom Geist des Elija, das ist der Anteil des Erstgeborenen, der doppelt so viel bekam wie die anderen Söhne (vgl. Deuteronomium 21,17). Elija warnt ihn ausdrücklich: Es ist nicht leicht und auch nicht ungefährlich, Nachfolger im Geiste des Elija zu werden, es kann schwer für Elischa werden, das zu erfüllen. Und fast scheint es, als ob Elija die Erfüllung des Wunsches an eine Bedingung knüpft: Wenn Elischa zuschauen kann, wie Elija entrückt wird, dann kann er diesen Geist bekommen. Falls er das nicht aushält, dann hat er nicht die Kraft, diese Nachfolge anzutreten. Das ist sozusagen die Probe aufs Exempel.

Und dann, beim Weitergehen und im Miteinander-Reden, geschieht es: Ein feuriger Wagen kommt mit feurigen Pferden und trennt die beiden voneinander.

Der Alttestamentler *Frank Crüsemann* weist darauf hin, dass in Vers 1 im Originaltext nur steht, dass Elija »geht« (Einzahl); Elischa wird lediglich mitgenannt. Die nächsten beiden Male steht das Verb »gehen« dann in der Pluralform (»gehen«), und schließlich heißt es ausdrücklich »beide«. Jetzt gehen sie *miteinander*. Fast scheint es, als ob Elischa immer näher an Elija »heranrückt«, aus einem »Diener« wird ein »Prophet«, ein Kollege, er wächst sozusagen in seine neue Rolle hinein. Und nur dann wird er wirklich Nachfolger des Elija sein und werden können – auch wenn er nie den »ganzen Geist« Elijas haben wird, sondern lediglich einen Anteil.

Aber um Anteil an der Kraft Elijas zu bekommen, muss er loslassen. Auch der Erstgeborene bekommt sein Erbteil erst nach dem Tod des Vaters. Und es ist verständlich: Solange ich einen anderen festhalte, lebe ich nur aus seiner Kraft. Ich muss mich lösen, sonst macht es gar keinen Sinn, dass ich einen Anteil an dieser Kraft erbitte. Mit seiner Bitte willigt Elischa ein, dass Elija gehen kann und darf, dass er ihn nicht länger festhält und am Gehen hindert. Man könnte es auch so sagen: Solange du dich an mir festhältst, kannst du nicht aus dir wirksam werden, sondern definierst dich nur über mich. (Ganz nebenbei: Als Jesus im Johannesevangelium sich beim Letzten Mahl von den Jüngern verabschiedet, sagt er: »Es ist gut für euch, dass ich weggehe. Denn wenn ich nicht weggehe, wird der Beistand nicht zu euch kommen«; Johannes 16,7).

Und es könnte sein, dass dies die eigentliche Botschaft dieses Abschnittes der Elija-Geschichte ist: Dass es also gar nicht so sehr um die »Himmelfahrt« des Elija geht. Würde die Geschichte sonst so anfangen, wie sie anfängt: »Als der Herr Elija im Sturmwind in den Himmel auffahren ließ ...«? Die »Himmelfahrt« selbst will die Geschichte anscheinend gar nicht erzählen, sondern sie dient nur als »Zeitangabe«. Kann es sein, dass es eine uralte Geschichte ist, die uns etwas über das Loslassen und das Festhalten sagen will? Und dass es damit eine Geschichte über das Leben – und über das Sterben – ist?

Elija wird in die verschiedenen Stationen seines Lebens von Gott hineingeschickt – an den Bach Kerit, zur Witwe von Sarepta, zu König Ahab. Er wird hineingeschickt in die Zeit der Einsamkeit, in die Zeit der Beziehung und in die Zeit des öffentlichen Wirkens. Und jede Zeit geht zu Ende – und er muss wieder loslassen, sich auf Neues ausrichten und einstellen. Und am Ende muss er sogar seine Bilder von Gott loslassen – damit etwas Neues anfangen kann.

Etwas Neues kann nur dann wirklich beginnen, wenn ich Altes loslassen kann. Genau das ist die Lektion, die Elischa noch lernen muss, um wirklich die Nachfolge Elijas antreten zu können.

Elischa hat die Lektion gelernt. Er kann es zulassen und dabei zusehen, wie Elija von ihm weggenommen wird – und genau in diesem Moment geht die Kraft Elijas auf ihn über. Als Zeichen dafür bleibt der Prophetenmantel zurück, den Elischa an sich nimmt – und er kehrt um, er geht zurück ins Leben, zurück zu den Menschen. Der Moment der Trauer ist da, indem er seine Kleider zerreißt, aber er bleibt nicht in seiner Trauer stecken – er kehrt um. Und er schlägt mit dem Prophetenmantel auf das Wasser und ruft Gott an, er fragt und will eine Antwort. Das Wasser teilt sich, und Elischa geht hinüber … die Kraft des Elija ist auf ihn übergegangen. Das ist die Antwort Gottes.

Und so sehen es auch seine Prophetenjünger: »Der Geist des Elija hat sich auf Elischa niedergelassen.«

Diese Prophetenjünger waren bisher vor allem Zuschauer. Und sie wollten Elischa dadurch imponieren, dass sie das aussprachen, was offensichtlich schon in der Luft lag, was eigentlich alle sehen konnten. Und noch einmal wollen sie hilfreich sein (oder wollen sie vielleicht doch nur erzählen, dass sie dabei waren?), als sie Elischa drängen, nach Elija zu suchen. Denn dieser Prophet taucht ja immer mal wieder auf und verschwindet wieder. Und wenn man lange und intensiv genug sucht, wird man ihn schon finden. Aber natürlich finden sie ihn nicht …

Zugegeben, für Elischa war es kein großes Kunststück, das vorauszusagen, er wusste ja, was mit Elija geschehen war. Für die anderen aber mag es unbegreiflich gewesen sein, wie Elischa das wissen konnte – und dass sich seine Prophezeiung bewahrheitet, kann seine Position nur stärken.

Loslassen, damit etwas Neues werden kann, um selbst wirksam werden zu können: Mit dieser Botschaft könnte man eigentlich ein neues Buch beginnen ... *Hermann Hesse* sagt es in seinem Gedicht »Lebensstufen« so: »Wohlan denn Herz, nimm Abschied und gesunde!« In unserem Leben sind wir immer wieder in die Situation hineingestellt, etwas loszulassen, uns von etwas zu lösen, damit Neues werden kann. Und all diese Abschiede sind eine Einübung in das letzte große Loslassen, den Tod. Und mit all diesen Abschieden beginnt etwas Neues.

Mit Zorn und Zärtlichkeit

Seht, ich sende euch den Propheten Elija, bevor der Tag des Herrn kommt, der große und furchtbare. Er wird das Herz der Väter wieder den Söhnen zuwenden und das Herz der Söhne ihren Vätern, damit ich nicht kommen und das Land dem Untergang weihen muss.
Maleachi 3,23-24

Mit diesen Sätzen endet das Buch Maleachi, der letzte der Prophetentexte im »Zwölf-Propheten-Buch« – und damit in den Bibeln, die wir heute verwenden, auch der letzte Text des Alten Testaments. Der Prophet Maleachi spricht in seiner Schrift von dem Tag des Herrn, an dem er Gericht halten wird über sein Volk und das messianische Gottesreich kommen wird. Doch bevor dieser Tag anbrechen wird, sendet Gott seinen Boten, der den Weg für den Herrn bahnen soll. Erst in Vers 23 und 24, die nachträglich diesem Buch hinzugefügt wurden, wird der anonyme Bote mit Elija verbunden.

Vom Entstehungszeitpunkt her liegen zwischen diesem Text und der Beschreibung der Himmelfahrt des Elija mehr als 350 Jahre – und in dieser Zeit hat sich das Bild des Propheten im Volk entsprechend weiterentwickelt. Er wurde zum Boten Gottes, der unerkannt auf der Erde wandelt und überall dort eingreift, wo Unrecht geschieht und es das Gute zu schützen gilt. Wie *Elie Wiesel* schreibt, taucht er dabei in den unterschiedlichsten Rollen und Masken auf, mal als Araber, mal als Römer, und in einer Geschichte sogar als Prostituierte. Zeit und Raum spielen für ihn keine Rolle, er kann überall gleichzeitig sein. Und er wird vor dem »großen, schrecklichen Tag« kommen, damit Gott Israel nicht dem Untergang weihen muss.

Ein Mann ohne Namen oder Beruf taucht von irgendwoher auf, um einen geheimen Auftrag zu erfüllen: es muss Elias sein. Der beste Beweis dafür ist, dass er nach getaner Arbeit sofort verschwindet. Und sein Verschwinden ist genauso geheimnisvoll wie sein Auftauchen. Er antwortet auf unsere im Innersten gehegten Wünsche: Er ist der zehnte Mann für den Gottesdienst, der geheime Bote, der dem Fürsten rät, seinen schädlichen Erlass zu widerrufen, der mitleidige Nichtjude, der den Henker in letzter Minute stoppt, der geheimnisvolle Reisende, der im richtigen Augenblick am richtigen Ort eintrifft, der einem verzweifelnden Menschen oder einer verzweifelnden Gemeinde beweist, dass Hoffnung immer möglich ist unter ständig wechselnden Vorzeichen. Aber eines Tages wird er kommen und bleiben. An jenem Tag wird er den Messias begleiten, mit dessen Schicksal er verbunden ist. Der eine kann seine Mission nicht ohne den anderen vollbringen. Ehe der Messias kommt, muss Elias kommen und ihn ankündigen.
Elie Wiesel

Das erklärt, warum im Neuen Testament Johannes der Täufer und sogar Jesus selbst für Elija gehalten werden – man wartete auf seine Wiederkunft vor dem Kommen des Messias (Markus 9,11-13). Menschen, die so anders sind und predigen und taufen und Kranke heilen – vielleicht ist das ja Elija in einer anderen Verkleidung? Und als Jesus in seiner Todesangst am Kreuz nach Gott (»Eli«) ruft, dachten die Menschen, er ruft nach Elija, damit er ihm helfe (Markus 15, 34-35).

Im jüdischen Glauben ist Elija auch der Bote, der das Volk an den Bund mit Gott erinnert – und so ist er bei jedem Pessachfest und jeder Beschneidungszeremonie dabei, dem Zeichen dieses Bundes. Deshalb wird extra für ihn ein leerer Stuhl hingestellt, der »Elija-Stuhl«.

Für die Juden ist er der größte Prophet oder vielleicht richtiger gesagt: derjenige, der am gegenwärtigsten ist. Und so wie Mose für das Gesetz steht, steht Elija für alle Propheten – und so ist es nur verständlich, dass es gerade die beiden sind, die bei der Verklärung Jesu dabei sind (Markus 9,2-10). In Jesus erfüllt sich das Gesetz und alle Prophetenreden.

Elija, der große Prophet, voller Leidenschaft und doch an Grenzen kommend, voller Zorn und doch mit so viel Zärtlichkeit. Der Mann, der unbarmherzig gegen Ungerechtigkeit eintritt und die Leiden des Volkes Gottes wahrnimmt und zu lindern versucht. Er erinnert unermüdlich an den Bund Gottes mit seinem Volk und tritt bei den Menschen für Gott ein. Er ist der Eiferer, der Gottes Feuer auf die Erde herabruft – und ihn im »vorüberschwebenden Schweigen« erkennt.

Die Elija-Geschichte will nicht nur die Geschichte eines Propheten mit seinem Gott erzählen – sie erzählt die Geschichte unseres Lebens. Sie erzählt von Einsamkeit und Beziehung, von Herausforderung und Geborgenheit, vom Zerbrechen und Gestützt- und Gehalten-Werden. Sie erzählt von den Zumutungen Gottes und von seiner Zärtlichkeit, von Krise und Chance, von der Kraft Gottes und dem Loslassen. Und wenn wir uns in einer solchen Weise auf den Weg machen,

dann wird da ein Engel sein, der uns Brot und Wasser hinstellt
– und ein Gott, der unsere Wege mit uns geht.

Statt eines Nachworts

Am anderen Ufer des Jordan

DIE STIMME: Elija!

ELIJA *(verhüllt sein Gesicht mit dem Fell. Er wirft sich nieder.)* Rede, Herr; dein Diener hört.

DIE STIMME: Die Stunde ist da.

ELIJA: Hier bin ich.

DIE STIMME: Du sollst nicht sterben. Lebendigen Leibes sollst du in meinen Himmel eingehen.

ELIJA: Herr, oh Herr, erbarme dich mein!

DIE STIMME: Meine Mildigkeit umgibt dich.

ELIJA: Mit den Seligen im Strahlenkranz soll ich wohnen, und kann doch die Unseligen nie vergessen! Als flinker Läufer habe ich dir alle Tage gedient. Laß mich dein Läufer bleiben! Die Erde laß mich ablaufen in deinem Botendienst!

DIE STIMME: Dein Wille geschehe, mein Sohn Elija. Als mein Bote laufe über die Erde. Hilf den Menschen in ihren Nöten. Auf deinen Knien halte jeden Knaben von Israel, der in meinen Bund aufgenommen wird, und gib in sein Ohr, was du für ihn erfährst. Auf der untersten Stufe des Leidenschachts begegne dem Leidenden und schließe ihm das Geheimnis meiner Nähe auf. Wenn aber mein Tag aufdämmert, befriede du die Söhne mit den Vätern!

ELIJA: Ach, Herr; meine Kraft ist erschöpft.

DIE STIMME: Für deine Erschöpfung tausche ich meine Kraft ein. Laufe, mein Läufer; für mich!

Martin Buber, Elija. Ein Mysterienspiel

Bibelstellen

Quellenverzeichnis

Martin Buber, Elija. Ein Mysterienspiel, in: Martin Buber/Elle Wiesel, Elias oder eine Ahnung der Unsterblichkeit © Gütersloher Verlagshaus, Gütersloh, in der Random House GmbH, München.

Martin Buber / Franz Rosenzweig (Übersetzer), Die Schrift, 4 Bände, Band 2: Die Bücher der Geschichte, 10. Auflage 1997 © Gütersloher Verlagshaus, Gütersloh, in der Random House GmbH, München.

Carlo Caretto, Wo der Dornbusch brennt, Verlag Herder, Freiburg im Breisgau 2001.

Theophan der Mönch, Das Kloster jenseits der Zeit, Verlag Herder, Freiburg im Breisgau 1997.

Elie Wiesel, Von Gott gepackt. Prophetische Gestalten, Verlag Herder, Freiburg im Breisgau, 4. Auflage 1989.

Der biblische Fastenzeit-Begleiter

160 Seiten | Kartoniert
ISBN 978-3-451-06768-6

In vierzig täglichen Impulsen führt das Buch durch die
Fastenzeit bis Ostern. Überraschend aktuell erschließt die
Autorin die biblische Erzählung des Buches Tobit für unsere
Zeit: Es ist die Geschichte eines Wegs zu neuem Leben,
begleitet von guten Mächten. Das Buch hilft, Lebensschritte
zu gehen, damit im eigenen Leben Ostern werden kann – jeden
Tag ein wenig mehr.

In jeder Buchhandlung!

HERDER

www.herder.de